異色の指導者

ユース、高校、Jを率いて極めた育成メソッド

吉永一明
KAZUAKI YOSHINAGA
アルビレックス新潟シンガポール

竹書房

異色の指導者

ユース、高校、Jを率いて極めた育成メソッド

吉永一明

まえがき

忘れられない光景があります。

２００４年の全日本ユース（U-15）選手権、それは私がアカデミーの起ち上げから関わって来たアビスパ福岡の育成統括として最後の仕事でした。チームは決勝まで上り詰め、私は初めて東京・国立競技場の舞台に立ちました。私は試合前から涙が止まらず、それを隠すのに必死でした。

惜しくも決勝戦ではヴェルディジュニアユースに1点差で敗れましたが、クラブにとって全国で2位という成績はトップチームも含めて初めて到達したものでした。チームの中心には、後にクラブのレジェンド的な存在になる鈴木惇（現・藤枝ＭＹＦＣ）がいました。我々の試合後には天皇杯の試合が控えていて、贔屓チームの出番を待つ浦和レッズのサポーターがアビスパコールで讃えてくれました。

しかしこの時を最後に、私が試合後に深い感慨に浸ることはなくなりました。もちろん強く印象に残っている試合は、いくつも浮かんで来ます。清水エスパルスのヘッドコーチとして臨んだ天皇杯決勝。山梨学院大学付属高校のヘッドコーチに着任して最初の年には、全国高校選手権で優勝を飾ることができました。シンガポールでの2年間で計7度の優勝シーンや、ビッグスワンで聞いたアルビレックス新潟サポーターの暖かい声援も、しっかりと脳裏に刻まれています。

しかしアビスパ福岡で劇的に有終の美を飾ってからの私は、敢えて自分を「次へ、次へ」と急き立ててきたような気がします。

指導者になって30年以上が経過しました。福岡大学サッカー部在籍時にコーチ兼任という形でスタートし、教員ではなく当時は珍しいサッカー指導員という専門職で社会人となり、様々な場所、カテゴリーでの仕事に携わらせて頂きました。それぞれの場所で多くのスタッフ、選手たちに出会い、今でもお付き合いが続いていることに幸せを感じています。

自分では意識していなかったのですが、最近になって私の歩んで来た道が、かなり変わっていたことに気づきました。現役時代に目立った実績のない私が、若い頃からスムーズに指導者ライセンスを取得できたのは、多くの関係者の方々の支援なしには考えられない望外の出来事でした。また三菱養和サッカークラブで子供たちの指導を出発点とした私が、プロと高体連、さらにはシンガポールまでを往来したのは、おそらく他に例を見ないことだったはずです。そしてその分、私は様々なタイプの歓びを実感しながら仕事を続けて来たのだと思います。

タイトルを獲るのは、この仕事を志した以上誰もが目指すゴールです。ただし育成の指導には、別のゴールもあります。例えば、最近私はＪＦＡ（日本サッカー協会）からブルーペナントを2度頂きました。これは日本代表のＡマッチに登録された選手の育成時代の恩師を対象とした表彰です。前田大然と渡辺剛が日本代表に選出されたことで、この栄誉を受けることができました。

プロチームの指導は即効性を求められます。しかし育成指導は一朝一夕では結果が出て来ません。日々丹念な努力の積み重ねが、何年か先の収穫に繋がります。そういう意味でもブルーペナントを手にした私は、深い歓びに包まれました。

ただし育成指導者の愉しみは別のところにもあります。山梨学院大学付属高校が全国高校選手権で優勝した時に10番をつけて活躍した伊東拓弥は、爆発的な力を秘める反面繊細で危うく、それがやんちゃな性格として暴走しがちだったので、サッカーに集中させるのに心底苦労しました。でもそんな伊東が指導者として活動を始めたそうで「私の苦労がわかった」などと話すようになりました。本当はプロまで伸ばしてあげたい素材でしたが、私がやって来たことが無駄ではなかったことを実感できた瞬間でした。

また伊東の同期で、優勝時にはスタンドから大応援団をまとめ上げ仲間たちの後押しをしてくれた藤本豊は、高校を卒業するとフットサル選手（Fリーガー＝ヴォスクオーレ仙台）として活躍しました。現役を退くと山梨学院高校のコーチに就任し、2020年度の全国高校選手権で2回目の優勝に大きく貢献してくれました。

やはり山梨学院時代に指導をした中村圭吾は、中学生向けに悔いが残らない進路選択ができるように情報サイトを起ち上げて運営しています。サッカー少年にとって高校への進路選択は、とても切実な問題ですが、当事者はなかなか正しい情報が得られません。彼は体験者だからこそ判る独自の方法で、不幸なサッカー少年を減らそうとしています。サッカーに育ててもらった中村の恩返しの仕方を見て、私もとても誇らしく思います。

こうして長く指導をしていると、多彩な幸福を味わうことができます。まったく現役時代の実績がなくても、指導者に立場を変えればできることがたくさんあるのです。

私は高い志を持って指導をしている人たち、これから指導者を目指す人たちに、それを知って頂きたくて本書を執筆しました。様々な景色を見て感じたこと、指導者に必要だと思えることなどについて、可能な限り率直に触れています。

みなさんに大きな希望を抱いて頂ければ幸いです。

吉永一明

まえがき……2

第1章 オールラウンダーとして無駄はひとつもない

第2章 サッカー界に貢献したい

第3章 草創期のJリーグとS級取得

第4章 選手権優勝も経験した山梨学院時代

第5章 シンガポールでの挑戦

第6章 豊富な経験とともに新潟へ

第7章 サッカー界の未来

第8章 関係者インタビュー

構成：加部究
写真：J.LEAGUE ／ Getty Images
アフロ
写真提供：アルビレックス新潟
吉永一明
装幀・本文組版：布村英明
編集：柴田洋史（竹書房）

第1章

オールラウンダーとして無駄はひとつもない

大学卒業後、指導者の道へ

振り返れば、日本サッカーが劇変していく時代に指導を続けて来た。

私が大学を卒業したのは、間もなくJリーグが産声を上げ、プロの時代が到来しようとする夜明け前だった。

現役時代に目立った実績のない私が指導者の道を目指すなら、描ける夢は「高校の先生になり選手権へ連れて行く」ことだった。しかし教育実習で教員への夢を壊された私は、別の道を選択した。

福岡から上京して三菱養和サッカークラブで指導を始めるのだが、そこには1990年当時では考えられない夢のような環境が広がっていた。山手線の駅から徒歩数分という最高の立地に、シャワーもロッカーも整ったクラブハウスがあり、照明付きの人工芝のピッチではスライディングをしても汚れることがなかった。この時代に、これほどの施設を整えていたのがいかに凄かったのかを知るのは、後に後発のJクラブアカデミーで仕事をするようになってからだった。

三菱養和のコーチを退任すると、当時の福岡ブルックス（現・アビスパ福岡）に社員として迎え入れられた。しかし選手がプロとして厳しい競争をしているのに、指導者の立場が一般職のように保証されていることに違和感を覚え、契約という立場に変えてもらった。毎年評価が待ち受ける選手たちと同じ緊張感で仕事をしたかったからだ。

福岡の次に清水エスパルスでのトップチームでの仕事を経てサガン鳥栖へ移り、再びアカデミーの仕事に携わるのだが、どちらも厳しい環境に置かれていた。だが恵まれない環境に身を置いたことで、私は指導者として鍛えられていった。

指導者になりたての頃は「とにかく教えなければ」と躍起になり、絶えず何か言葉を発していた。黙っていたら子供たちに「コイツ、何も知らないんじゃないか」と舐められてしまうのではないか、という強迫観念があった。アウトプットすることが全てで「オレはこんなに判っている」ことを証明したい承認欲求もあった。だがやがてキャリアを重ねるとともに、真逆のスタンスでピッチに立つようになった。「コイツ、本当に判ってるのか?」と、選手たちが疑問視するくらい沈黙を守る。そして何か息詰まった時に「いや、こうでしょう」と大事な一言を発することができるようになった。

最初はやれるメニューも少なくて、計画したトレーニングを上手くこなすことで精一杯だった。逆に計画通りに進まないだけで、軽いパニックを起こすこともあった。個々のメニューが、どんな意味を持ち、どうゲームに活かされていくのか――。その理解度も希薄だったと思う。実践するメニューが、いかにゲームに繋がっていくのかを掘り下げ、自分でも掌握できるようになって初めて選手たちに対しても説得力が出て来た。

もしそこにトレーニングメニューに適した環境がなければ、指導者はやれることを再考工夫して実践していくしかない。それを繰り返すうちに引き出しは広がり、柔軟な対応ができるようになっていった。

例えば新潟には、必ず積雪がある。予め1週間の計画を立てていたとしても、週末に雪の予報が出れば、優先するべきトレーニングを前倒しにして負荷をコントロールするようにした。あるいはピッチの中でも急変する状況に対応したり、選手たちの顔色やコンディションを見極めたりしながら、臨機応変にメニューを組み替えることもできた。天候も状況も指導対象も刻々と変化していく。だから指導者が予め決めたことしかできないのでは、仕事として成立しない。

挑戦してみようというスタンスが大事

2020年は、突然世界中がコロナ禍に見舞われた。しかし未曽有のピンチは、反面指導者にも選手たちにも力をつける機会を与えたのではないかと思う。アルビレックス新潟ユースも全員がピッチに顔を揃えることができなくなり、午前中はZOOMを使ってフィジカルトレーニングを行い、午後は座学も導入した。コーチには栄養学の講義をしてもらい、私はクラブの歴史について話した。講義の中では、選手たちに「クラブの最年少デビュー記録は?」「最年少ゴールを決めたのは誰?」などと質問をしてみたが、意外なことに誰も知らなかった。本来なら彼らが目標にするべきことを知らなかったわけで、それは浸透させておかなければいけないと気づかされた。また私も講義の準備をしながら、改めてクラブの成り立ちやどんな危機を乗り越えてきたか、などの詳細を確認することができた。

直接会えなくなったことで、指導者は選手たちに全て言葉だけで伝えなければならなくなった。こうした状況下で、どうしたら正確に伝わるのか、どう伝えれば選手たちの心に刻まれるのか、当然指導者は工夫を強いられた。もともと指導者とは言葉を駆使して選手たちを導いていく仕事である。そういった部分はコロナ禍で相当に鍛えられたと思う。

指導者の道を歩み始めて30年間以上の歳月が流れた。全てが意図して描いた道筋ではなかったが、幸いその都度、興味を持ってやりたいと思う仕事が巡って来た。逆に「自分はこの仕事しかやらない」と決めつけずに、いろんなことに挑戦してみようというスタンスでいたことで、幅が広がっていったのだと思う。未体験で不安を覚える仕事もあったし、もっと楽な道もあったのかもしれないが、挑戦しないで後悔するよりやってみて感じ取った成果の方がはるかに大きかった。

私がシンガポールでキャリアを積んだこともあり、かつて指導をした選手たちから「海外はどうなんですか」と聞かれる機会が増えた。活動する場所を国内に限定してしまうと、立場が難しくなった時にカテゴリーを下げて収入も減らしていくしかなくなる。だがうまく情報を収集できた選手は、東南アジア等でもそれなりの収入を維持できていて、それは指導者も同じだ。実際に私も思い切って海外へ飛び出してみて良かったと思っている。周りの理解がなければ踏み切れなかったチャレンジだが、シンガポール行きに限らず貴重な経験を重ねて多彩な人たちと出会えたことは、私の最大の財産になっている。

そして今振り返っても明言できるのは、何一つ無駄にはなっていないということだ。もし私に選手としての実績が備わっていたら、同じ道は歩んでいなかったと思う。現役時代の実績がないのは不利なことなので、常に何で補っていくかを模索して来た。いつも危機感を持ち、生き残るために必要なことを考えて来た。その結果、様々な知識や経験を蓄積することができたのだと思う。

一方でトッププレイヤーたちのアドバンテージも永遠には続かない。いつか身体は動かなくなるし、現役時代の栄光を知らない世代を指導しなければならない時が来る。そうなれば過去の名声やキャリアは、あまり役に立たなくなる。

現役生活も厳しい競争に晒されるが、それは指導者も同じで、概ね選手の時より長い競争になる。だから生き残るには、どんなにキャリアを重ねても、そこで足を止めずにより高みを追求していく必要がある。言葉の選び方、使い方、さらには使うタイミング…、これらを突き詰めていくのに終わりはない。私は2021年で53歳になったが、アルビレックス新潟シンガポールでは新たにテクニカル・ダイレクターの仕事に挑戦した。楽しく取り組ませて頂き、また新しい肉付けができたのではないかと思っている。

様々な経験をしてきた強み

多様な経験をしてきた強みは、人の成長過程を推測できる（読める）ようになったことだと思う。もちろん人生は意外性の連続なので、いつ誰がどのように伸びていくかを読み切ることはできない。しかし多くの選手たちのプロセスを見て来たことで「今は我慢の時」「この年代では何を優先しておくべき」だとか「ここではこれを言っておかなければいけないタイミング」などの判断が的確になって来たと思う。

特に育成年代の選手たちは、いつも心のどこかで不安を抱えている。そんな時に「大丈夫、今は上手くいかなくても、ここを我慢していけば、こう変わって来るから」などと、過去の多くのパターンに照らし合わせて経験値に基づくアドバイスを送ることができる。必要なタイミングでの必要な助言や対処ができて、それが私の武器になっている。

海外を見渡せば、確かに史上最年少の28歳でホッフェンハイム（ブンデスリーガ＝ドイツ）のトップチームの監督になったユリアン・ナーゲルスマンに象徴されるように、若くて優秀な指導者が頭角を現している。だが欧州と日本では、サッカーを取り巻く背景が大きく異なる。日本でも世界基準に合わせて結果を急ぐ指導者が目立つようになったが、もう少し地道に積み上げていく意識は必要だと思う。

最近は欧州や南米など本場と言われる国で、早くから研鑽を積む指導者が増えた。世界のトップシーンを見て帰国すれば、どうしても日本の現状が立ち遅れているように映ってしまうのは理解できる。だが逆にそのトップシーンの素晴らしさを声高に主張するあまり、自国を全否定から入るのは感心しない。

海外で得た見識を考えれば、日本のトップチームでやれる実力もあるのかもしれない。また相応の野心を抱くのも悪いことではない。しかし批判は全て跳ね返ってきて、自分を苦しめることもある。自信があるのは良いが、それがあまりに表に出過ぎてしまうと、出る杭として叩かれてしまう危険性がある。だから海外で学んできただけで全てを判ったつもりになっている若い指導者を見ると、せっかく良いものに触れて来たのにもったいない、と嘆息してしまう。

私も20歳代の頃は、アヤックス（オランダ）に傾倒した。事あるごとにアヤックスの素晴らしさを吹聴して回っていように思う。だが当時の私が力説したところで、ほとんど耳を傾けてはもらえなかった。様々な情報や知識を取捨選択し、理解できるようにアレンジしながら話す工夫が要ることを徐々に覚えていった。苦い失敗の経験が、周囲との協調の仕方を学ばせて成長を促したのだと思う。

いくら見識があっても、それを結実させるには時間がかかるし、周囲を巻き込んで理解を得ることも不可欠だ。もちろん長く年功序列や上意下達の歴史が続いて来た日本側にも、若い才能を活かし切れない悪弊があるとは思う。だがそれを急に打ち破ろうとしても暴走に映ってしまうことが多い。せっかくの最先端の見識を、どんな場所でどう理解を得ながら発揮していくのか。そこをもう少し考えた方が良いと思う。

逆に私は、最近になってようやく話すことに「なるほど…」と頷いて頂けるようになった。引き出しが広がった今は、むしろ知りたいことややりたいことなどを、どんどん発信して来て欲しいと思う。選手たちの希望に応じて、指導者が提供していく。実はそれが理想の関係なのではないだろうか。

トレーニングにおけるキーワード

こうして指導者として様々なアプローチを経て来た私は、一つの真実に辿り着いた。それは当たり前のことだが、サッカーが上手くなるには、サッカーをプレーしなければならないということだった。そう確信し舵を切ってからは、揺れ動くことがなくなった。山梨学院大学付属高校で指導をしていた２０１４年頃からは、素走りは止めて全てボールを使ったトレーニングを行っている。素走りを体力トレーニングとして導入することはなく、組み込むとしてもウォームアップやクールダウンのワンシーン程度に過ぎない。

私もかつては素走りのメニューを取り入れていた。確かにそれまでやっていたことを止めるのだから、まったく不安がなかったと言えば嘘になる。私がＧＰＳ機能を利用し、選手たちの負荷を数値で確認できたのは、アルビレックス新潟の監督を務めた時だけだ。それ以外のチームを指導した時は、実際に試合でプレーする選手たちの動きを目視して、トレーニングの負荷や効果を確認するしかなかった。後半のこの時間帯でも、これくらい動けているから大丈夫だ、という検証を丹念に繰り返して来た。

そして実際にボールを使ったトレーニングでスプリントの局面を増やすと、明らかに素走りより負荷が高まった。試合中に求められるのは、まさにフルスプリントでボールを奪いに出て、その状況下でもしっかりとテクニックを発揮する能力なのだ。

実は最も難しかったのは、１００％のスプリントを引き出すことだった。伝統的に日本のトレーニングは「量」を重視する傾向が強く、指導者の裁量でいつ終わるか判らないトレーニングがダラダラと続くことが多かった。おそらくその影響で、選手たちは長時間のトレーニングに耐え抜くために力をセーブする習慣がついていたのだろう。

GPSが普及し始めた頃、ある大学チームの試合でスプリント回数を測定してみると1度も記録されなかったという。スプリントの定義とは、時速24km以上で10~30mを走ることである。それぞれの選手たちは、ダッシュをしていたつもりでも、スプリントの条件に到達していなかった。それ以降日本代表監督として招かれたアルベルト・ザッケローニやヴァイッド・ハリルホジッチらが、日本サッカーにインテンシティー（プレーの強度）が足りないと指摘し始めるのだが、確かに当時のスピードではゲームで通用しなかったはずだ。

それから「スプリント」は、私のトレーニングにおけるキーワードとなった。誰かに走らされるのではなく、途中で潰れてもいいから自分の意思で１００％の爆発力を発揮する。出し惜しみをする選手が目に入れば「本番のゲームでもっとスピードが上がったら（ボールを）蹴れなくなるよ」と声をかけた。

こうしたアクションは、私のゲームモデルとも合致した。「攻撃」「守備」さらに「切り替え」と、局面が繋がり巡っていくトレーニングを増やせば、全員が１００％でスプリントをかけるシーンが増えて最高のトレーニングになった。

サッカーは90分間、高い強度を保ち続けなければならないスポーツだ。だからこそ日頃のトレーニングから、90分間全員が待ち時間なく、動き続ける習慣がつくように心がけて来た。

長所を褒めて伸ばす

キャリアを重ねて変化して来たこともあるが、当初から変えてはいけないと意識し続けていることもある。それはまず「人の良さ（長所）を引き出す」ことである。もちろん今出来ないことに取り組むトレーニングも大切だ。しかし選手として先に進んでいくには、良いところを消さずに武器にしていかなければならない。プロになったり、日本代表に選ばれたりする選手たちは、他の人が持っていない武器を身に着けている。そして武器を磨くためには、チャレンジをした結果のミスは認めていかなければならない。

指導者になりたての頃から、そこに気づけたのは三菱養和時代に全日本中学選抜選手権などを視察する機会を得られたからだった。各地域の選抜チームが集結した大会だったが、やはり後から伸びてくるのは平均的に上手い選手より、あまり上手くはないけれど「ここは凄いよね」と目を引く特徴を備えた選手たちだった。

私たちの世代の大半が、あまり誉められた経験を持たないと思う。厳しい指導者にダメ出しをされながら「この野郎」と見返してやりたくて頑張って来たのではないだろうか。どうしてもスポーツを教育と結びつけた日本の文化的背景から、こうした傾向はずっと途切れずに続いて来た。

日本の保護者や教育者たちは、まず他人様の前に出して恥ずかしくない子供を育てることを念頭に置いて来た。そうなると必然的に、みんなと足並みの揃わない子が目につく。みんなができるのに、一人だけできないと真っ先に注意をされる。異才を伸ばすのではなく、平均点を上げることを優先する教育が続いて来た。

指導者養成が浸透すると「特徴的な選手が減って、金太郎飴が増えたよね」という批判が出たが、これは個性にブレーキをかけながら苦手克服に走る指導者が大半を占めた結果だったのかもしれない。

そもそも日本では、自分の長所を認識していない子供たちが少なくない。だからまず長所を武器にして伸ばすには、その長所を誉めて意識させてあげる必要がある。

ただし私も、誉めるタイミングと使い分けは意識している。誉めることで自信を持てるタイプなら誉める。しかしある程度のレベルまで到達し、もう一つ壁を乗り越えていかなければならないところまで来たら奮起を促す。再び頑張って乗り越えて来た時には、賞賛の言葉をかけるのだ。また誉める時でも嘘（お追従）は言わない。早稲田大学経由で清水エスパルスへの加入が決まった加藤拓己が、山梨学院のセレクションを受けに来たことがある。鹿島アントラーズでユースへの昇格を逃し、高校へ進学することになったのだった。山梨学院も獲る意向だった。だが私は後から知ったのだが、既に別の強豪校へ決まりかけていたようだ。私は加藤と連絡を取り話した。

「選手権で優勝を目指したいならともかく、再び鹿島に戻りたいとかプロを目指したいなら力になれるかもしれないよ。山梨学院からは、攻撃ならこういう選手たちも育っている」

その上で具体的に長所と短所を指摘し、もう少しここを改善すれば、もっと点を取れるようになる、というアドバイスを送った。

結局加藤は山梨学院を選ぶのだが、ほぼ入学が決まりかけていた高校のコーチは「いったい何を話したんですか？」と、今でも怪訝そうに聞いてくる。

こういう時に、私は大袈裟に持ち上げることもないし、試合で使うかどうかも含めて「絶対」という言葉は使わない。サッカーでも人生でも「絶対」と言い切れることなどない。どんなに優れた選手でもケガで潰れてしまうこともある。むしろある程度賢い選手なら「絶対」を連発する指導者には不信感を抱くのではないだろうか。

あくまで私は、本人の長所と短所を伝え、勧誘の言葉さえ出さずに終えている。加藤のように引っ張りだこの選手は、いろんな指導者から散々誉められて来たはずだ。逆に安易な保証などせずに、真実を伝えた方が「自分のことをよく見ていてくれるんだな」と感じてくれるのではないかと思う。「ここが足りていない」という指摘をしてくれる方が刺激になるし、それを聞いて乗り越えて行こうと前向きになれる選手でなければ、縁がなかったと割り切ることもできる。

しっかり勝ち切れる個を育てる

私自身が育って来た環境がそうだったように、概して日本の指導者は比較的古い世代ほど誉めるのが苦手だ。また不得意な部分はすぐに目につくし、それを叱責され続ける側はトラウマとなり、逆にミスを怖れてチャレンジをしなくなる。もし日本全体にそういう指導が蔓延して、できることとできないことが統一されてしまえば、金太郎飴ばかりになるのも不思議ではない。

もともと私は、サッカー（スポーツ）は楽しさがなければ意味がないと考えて来た。だからチャレンジをしようとした結果のミスを咎めることもないし、逆に最も悲しいのはチャレンジをしようとしないことだ。

もしそういう選手を見つけた場合は「どうして？」と問いかける。大方の回答は「ボールを奪われてしまうのが怖い」などが考えられるが、怖がってボールを下げたために奪われて失点をするほどネガティブなプレーはない。結果的に同じ類の失敗だとしても、前へボールをつけようとして相手に引っかけられる方が未来に繋がる。消極的で後ろ向きなミスが出た時には、静かに問いかけて「やりましょう」と背中を押すだけだ。私が願うのは、トライして、それを成功させるために突き詰めていける選手に育ってくれることなのである。

ずっと日本サッカーは、個で足りない部分を組織力で埋めて戦うことをキャッチフレーズとして来た。もちろん身体のサイズではなかなか勝てない日本が、組織力を高めていくのはどの競技を見ても肝要だ。しかしそれだけでは、明るい未来は開けて来ない。サッカーで1対1がなくなることはない。それならそこでもしっかり勝ち切れる個を育てていくのは避けては通れないテーマだ。

時々ゲームモデルを作り、組織の形を明確にすると個性が消えるという誤解を受けることがあるが、それは全く逆だと思う。正しいポジションを取り、ゲームをどう進めていくかのヴィジョンができていれば、より個人への働きかけができるはずだ。良いポジションを取り、そこからボールを奪えたり、ゴールへ向かえたりすることができれば、それこそが個性であり素晴らしい選手の証だと思う。

岡崎慎司と前田大然

三菱養和サッカークラブを原点として、アビスパ福岡やサガン鳥栖のアカデミーでキャリアを積み、清水エスパルスではトップの指導経験を積むこともできた私は、次に高体連（山梨学院）に身を置くことになった。幸運だったのは、岡崎慎司（現・カルタヘナ／スペイン2部）がプロ入りしてきてからの1〜2年目に寄り添えたことだった。岡崎は滝川第二高校の卒業時に故障をしていて、清水に入団して暫くはトレーニングにも参加できなかった。同期の中でも出遅れて、最も影が薄い存在だったかもしれない。しかしそんな岡崎が、常に前向きに努力を重ねた結果、日本代表でも最も多くのゴールを奪うようになった。

どん底に近いルーキー時代から、これほど飛躍した選手を私は知らない。人は努力次第でこんなにも変わることができる。私はそれを岡崎から教わり、高校生たちにも伝えて来た。

「おまえたちだって努力次第ではきっとできる」

岡崎は格好のサンプルで、生きた教材だった。日本代表の象徴的な存在で、レスター時代にはプレミアリーグの制覇も成し遂げた選手が、高校卒業時には手の届くような位置にいた。これほど現役の高校生に勇気や希望を与えるリアリティのある話はなかった。

とりわけ前田大然（現・横浜F・マリノス）には、岡崎の話をよく聞かせて来た。

「今では動き出しの速い素晴らしいストライカーになったけれど、18歳の頃は足も遅かった。足の速さなら、おまえの方が上だよ」

他にもプロになった選手たちと向き合ってきたが、一様に高校年代は自信を持ちながらも精神的な不安定さも同居させていた。私は彼らに乗り越えるべき明確な目標を提示し、できる限り成長を促すような言葉をかけ続けて来たつもりだ。

2019年のコパ・アメリカ（南米選手権）に日本代表が招待され、奇しくも前田大然が岡崎とともに招集された。ちょうど私が新潟で監督をしていた時期で、大然には「勉強してきなさい」とメールを送った。また大然のお母さんからは「とても感慨深いものがありました」とＬＩＮＥが来た。

大然は山梨学院付属高校時代に、退部を強いられ1年間サッカーから離れていたことがある。本来なら致命的なブランクになるところだったが、この間様々な方から励ましやサポートを受け、なんとか在学中にピッチに戻って来ることができた。復帰して最初の頃は、なかなかボールが足につかずどこへ行ってしまうか判らないような状態だったが、とにかく人のために全力で走るようになった。その後は、彼の口から「疲れた」とか「痛い」などと泣き言が漏れることは一切なくなった。

おそらく大然は、究極の苦境を経て人の温かさやありがたみなどを実感し、人間として格段に強くなれたのだと思う。Ｊ１でも群を抜くスプリント回数を誇る大然を支えているのは、つくづく他に例を見ない厳しい体験だったのだと思う。

選手たちが考え、判断する力をつけさせる

山梨学院での指導を通じて最も重い教訓は、指導者はサッカーを上達させるだけではなく「生

きる力」も養うように努めなければならないということだった。

長谷川紫貴は、私が生涯絶対に忘れない大切な仲間だ。私が山梨学院のヘッドコーチに着任した時に、紫貴は2年生で全国高校選手権の優勝メンバーにも入っていた。ＦＣ東京Ｕ-15深川から来た紫貴は、技術的精度の高い攻撃的な選手で、自分から積極的に何かを発信するタイプではないが、いつもチームのために黙々と努力を重ねていた。真面目で人一倍責任感が強く、何かあれば自分に矢印を向けて頑張る。周りの状況を見極め人のために尽くす献身性や誠実さも際立っていた。指導者にとっては最も信頼できる、まるで見本のような存在だった。

山梨学院を卒業して関東学院大学に進学した紫貴は、関東大学リーグでも活躍し大手企業に就職する。安定した洋々たる未来が開けていると思っていた。

ところが入社して1年目に、山梨学院時代に同期だった選手から、会社でパワーハラスメントにあって精神的に追い込まれているという情報を耳にした。しかし私から連絡を取るのもどうかと思い、情報を伝えてくれた卒業生には「また何かあったら連絡してね」と言って電話を切った。

そしてその年のクリスマスの日に、紫貴は自ら命を絶った。在学中、さらには就職してからも含めて、私に何ができただろう、と暫く自問自答の日々が続いた。あまりに痛恨の出来事で、２度と同様の犠牲者を出したくない。しかし何をしていたら救えたのだろうと繰り返し考えてみても、答えは見つからなかった。

私はいつもピッチの内外ともに、何かが起こったら他人のせいにしないで、自分に矢印を向けることを奨励して来た。だが紫貴の場合は、その自責の強さが裏目に出てしまった。世の中には、自分の力ではどうしようもないことがある。そんな時には、逃げることも教えておけば良かったのか、と愕然とした。

日本の教育現場、特に部活の現場では、理不尽を耐え、乗り切ることが将来役に立つと考えられてきた歴史がある。指導者や上級生が理不尽な要求をして、それが連綿と引き継がれて来た。よく就活で体育会出身者が有利だと言われて来たのも、概して企業にそういう風潮が根強く残り、上司が上意下達のしきたりに慣れた我慢強くて使いやすい部下を好むからだった。従順で我慢強く頑張るのが特徴だった紫貴は、好きなように利用されてしまったのだと思う。

理不尽に耐える力を全否定することはできない。だがとりわけ社会に出れば、それだけでは乗り越えていけない問題に何度も直面する。本来良いものを生み出していくためには、おかしいと思うことには異論をぶつけて、議論を尽くしていく必要がある。

しかし日本の教育は、一貫して個々が意見を言い合う機会を否定して来た。伝統的に教師が「こうだよ」と言えば「ハイ!」と従う一方通行の教育が続き、それが美徳とされてきた。園児や小学生たちと向き合えば「どうして?」「なんで?」の疑問符が、洪水となって押し寄せて来る。それが本来の子供たちの自然な姿だ。ところが小学生も高学年になり、中学から高校へと進んでいくうちに、自由で闊達な物言いが減り「そんなのおかしいだろ?」と声を上げられない空気が醸造されていく。それが会社内で蔓延《はびこ》ると、制御不能な上役という怪物が現れ暴走する。

後から思えば、紫貴が「もういいや、辞めちゃうね」と会社に見切りをつけてくれても良かったし、「ふざけんな!」と上司を殴りつけてくれても良かった。もし私が接している間に何か救えるヒントを授けられたとすれば、それは自分で解決する方法を持たせてあげることで、実はサッカーの指導者にとって最も大事なことだった。

今後紫貴のような犠牲者を出さないためには、一方通行の旧い教育の構図を変えていかなければならない。サッカーの世界に置き換えても、育成段階で指導者が戦術を押しつけて、言われた通りにプレーをした選手たちがタイトルを獲って来ても、その先には繋がらずいつか限界が来る。指導者は、教えたり与えたりするだけではなく、選手たちが考えて判断していく状況を作りだしていかなければならない。周囲の状況を踏まえて、柔軟に独自の判断を下していく。それこそが生きる力に繋がって来るのだと思う。

実はトレセンコーチが集まったJFAの会議等でも、だいぶ前から「日本の旧態依然の教育問題を、サッカー界から変えて行こう」という声が出ていた。もちろん少しずつは変化の兆しも感じられるが、根本的に変わったとは思えない。

指導者は、自分が主役になってはいけない。くれぐれも選手がどう感じているのか、どう思っているのか、どうしたいのか…。それを受け止めて、目標に近づけていくのが仕事になる。裏返せば選手たちが、自分たちの気持ちを素直に話せる場面を、できるだけ作り出していくことも大切になる。

日本でも子供たちは自然に疑問をぶつけて積極的に感想を口にする。それがどこかで遮断され、いつの間にか一方通行になっているのが日本の教育や指導の現場だが、そのまま成長して中学生や高校生になっても論理的な意見交換ができるようになれば著しく変わるはずである。

山梨学院のヘッドコーチに就任した時に、チームは年間で考え得る全てのタイトルを獲るという目標を掲げていた。天皇杯も含めて七冠という破天荒な目標で、考えたのは選手たちではなかった。そこで私が監督に就任してからは「目標は自分たちで考えようよ」と方向転換をした。「今年の目標」「大会の目標」「スローガン」…、3年生を中心に考えて、大きな紙に書いた。その後部員を集めて「じゃあ、これで大丈夫か」と私が確認を取り、全員で署名をして貼り出した。選手たちが主体となって部活を進めていくことを再確認する作業だった。

私は特に育成年代では「腹一杯はやらせない」ことをテーマにしていた。いつも選手たちがピッチに出て来る時は、サッカーをやりたいと前向きになっていることが肝要だ。だからしっかりと観察をして、疲れていたり食傷気味だと感じたりした時は、休ませる勇気が必要だ。成長していく時期にこそ、毎日目一杯やるばかりではなく、休んで体を大きくしたり、ケガの防止を意識したりする習慣作りが重要な意味を持つ。だから私は、必ず選手たちがピッチに来ない日を作っていた。

トレーニングで１００％を引き出す難しさを前述したが、逆に心身ともにフレッシュな状態でなければ強度の高いプレーは望めない。選手たちがピッチに出て来る時は、常に最良の状態を保つ。私はそれが良い指導者の条件だと考えている。

第2章

サッカー界に貢献したい

将来の目標が定まった高校時代

少年時代の私は、現在の生き方をまるで想像できていなかった。

体を動かすのは大好きなので陸上競技や水泳に挑戦し、そんな楽しい日常の一環としてボールを蹴る機会もあった。だが小学5～6年生の頃に少年団チームに入ってはみたものの、なかなか馴染めず徐々に足が遠退き気がつけば通うのを辞めていた。

実は私が進学予定だった福岡県北九州市立香月中学には、サッカーの上手い子たちが集まって来ることになっていた。近隣には小学生の全国大会に出場する強豪チームがあったからである。ところが私が小学校を卒業する頃、母が体調を崩して入院することになり、父が看病をする都合もあり家族で病院の近くに越すことになった。結局別の中学に進んだ私はテニス部に入り、それなりに楽しく打ち込んでいた。

だからもし私がそのままこの中学を卒業することになっていたら、まるで別の人生を歩んでいたことになる。しかしテニスとの縁が続いたのは、1学期の間だけだった。夏休み前には祖父の提案で元の家へ戻ることになり、私は香月中学へ転校した。もっとも仕事を終えると母のもとへ向かう父が家に帰って来るのは週末だけになり、少しずつ私の気持ちは荒《すさ》んでいった。

当時の香月中学は荒れていた。今から振り返れば校内暴力の走りのような状態だったと思う。

いつの間にか私も旧知の悪友と街を徘徊するような毎日を送るようになり、そのまま道を外れてしまっても不思議はなかった。

だがそんな私に救いの手を差し伸べてくれたのがサッカーだった。校内でクラス対抗戦が行われ、私のプレーがサッカー部顧問の先生の目に留まった。

「なかなかやるね。サッカー部でやってみない」

「はい…、じゃあやります」

こうして中学1年生の終わり頃に、サッカー部に入った。のめり込むのは早かった。サッカーに熱中し始めると、なかなか両親に会えない寂しさも忘れ、余計なことをする時間も消えた。

ただし香月中学サッカー部のレベルは高かった。小学生時代に全国大会に出た少年団の出身者が多く、どうしても中学から本格的に始めた私には試合の出番が回って来ない。ちょうどゴールキーパー（GK）のポジションが空いていたので、私はとにかく試合に出たい一心で志願した。試合に出られるようになると、一層プレーに熱が入った。振り返れば中学時代は、自分でも目一杯打ち込んだ実感を得られた。

当然高校でもサッカーを続けていこうと考えた。当時福岡県内では、東海大第五高校が全国的にも注目され、東福岡高校も頭角を現し始めていた。しかし既に私は、学校の先生になってサッカーの指導に携わる将来を漠然と描くようになりつつあった。そこで私立の強豪校ではなく、県立で頑張っている高校を目指そうと考え、選択したのが八幡中央高校だった。県立とはいえインターハイの出場歴もあり、高校選手権予選も福岡県の決勝まで進んだ経歴を持っていた。

高校3年間も、さらにサッカーに打ち込んだ。国体選抜の候補に呼ばれたこともあり、2年生の時には全国高校選手権の福岡県予選で決勝に進んだ。そしてこの3年間で私の将来の目標は、明確に定まっていった。

現役を続けながら指導経験スタート

まだ日本にはプロのない時代だった。大人になってもサッカーを続けるには企業チームに就職するしかない。一方で同年代には、後に日本代表として活躍する井原正巳、中山雅史、江尻篤彦らの名選手たちがいて、彼らのプレーを直接見ても自分が同じピッチで戦う姿は想像できなかった。

しかし反面私はサッカーに多大な恩を感じていた。中学入学当時の私は、危うく横道に逸れかかっていた。踏み止まらせて熱中させてくれて新しい目標を与えてくれたのは、紛れもなくサッカーだった。もし私がサッカーに恩返しができるとすれば、その素晴らしさを後進に伝えていくことだった。プレイヤーとして一流になれないなら、指導者としてサッカー界に貢献していきたい。

それもなるべく早く指導者の道を歩み始めたいと考えるようになった。

プロのない時代に指導者として生きていくには教員になるしかなかった。教育系で真っ先に浮かぶのは筑波大学だが、当然入試は難関である。調べていくうちに近隣に福岡大学があり、先輩が進んでいることも判った。私は福岡大学への進学を目指し、高校2年時から国語と英語で受験をする私立文系クラスを選択し、一般入試で合格することができた。私は高校の卒業文集に、こう目標を記している。

「教員になって全国高校選手権に出る」

福岡大学では、生まれて初めてサッカーを体系的に学ぶことができた。中学から高校までサッカー部には在籍していたが、サッカーを教わった実感はまったくなかった。部員同士で「こうした方がいいんじゃないか」などと話し合いながら、言わば我流で進めて来た。

しかし福岡大学サッカー部の監督を務めていた田村脩氏は、当時バルセロナ五輪（1992年）を目指す日本代表のコーチも務めており、「戦術とは」「技術とは」などサッカーの原理原則からしっかりと学ぶことができた。日本代表の活動で多忙を極める田村監督は、ほとんど福岡から離れていたが、それでも私は同監督の「球技論」というゼミを選択し、限られた機会ながら部活動を通して指導者というものがどんな存在なのかを学習していった。田村氏は、やがてJリーグが開幕すると柏レイソルで指導に携わるようになったので、東京在住の私は週末になると練習や試合を見学させて頂き、それがプロの世界に触れる契機となるのだった。

また福岡大学のコーチには、後に田村氏から同大学の監督を引き継ぎ、西ドイツへの留学経験を持つ乾眞寛氏がいて、多くの刺激的で参考になる話を聞くことができた。欧州にはGK専属のコーチがいることも、乾氏から聞き初めて知ることになるのだった。

大学4年生の時だった。サッカー専門誌に、筑波大学では川俣則幸氏（現JFA＝日本サッカー協会GKプロジェクトリーダー）が故障をしたために、現役ながらGKコーチをしているという紹介記事が掲載された。それを目にした乾コーチから「おまえもやってみろ」と指示され、私は現役を続けながらも全体練習の中でGKのための時間を割いてもらってトレーニングを担当するようになった。田村監督に意見を聴き、選手たちの声も拾いながら最初は見様見真似で試行錯誤を繰り返した。

「もっとこんなことが必要じゃないか」

「ここはこういうふうにステップを踏んだ方がいいよね」

「もう少しこんな設定を加えたらどうだろうか」

私は選手の立場でもあったので、自分でも実践しながら仲間の声もフィードバックし、内容や回数、強度などを調整していった。

福岡大学時代に、現役生活を続けながらも指導を経験し始めた私の目指す道は、教師ということで揺らぐことはなかった。ところが実際に教育実習を経験してみて、教師への憧憬は瓦解した。日教組を巡る対立に、主役であるはずの生徒たちが振り回されている。それは私が描く理想とは大きくかけ離れていて、まだ若かった私はあまりのショックで職員室の片隅で涙にくれた。

さらに私の大学卒業時（1990年）には福岡県でとびうめ国体が開催され、大会に合わせて大量に教員を採用したため、その反動で極めて狭き門になっていた。

駆け出しの指導者

進路を再考することになり、私は悩んだ。ちょうどバブルの絶頂期で就職活動は完全に売り手市場だったので、指導者に固執しなければ仕事は選び放題だった。周囲は夢にこだわる私に失笑していたと思う。一時は大学に助手として残る道も考えた。だが困窮して田村監督に、何かサッカーに関する仕事がないか相談をしてみると、タイミング良く三菱養和サッカースクールが指導者を探しているという。早速連絡を入れると、当時日本代表監督でクラブを統括していた横山謙三氏が対応をしてくれて、最寄りの巣鴨駅に到着したら電話をすることになった。

「駅を降りるとトルコ風呂（現在のソープランド）があって、その裏がグラウンドだから」

まだ私には、ほとんど東京へ行った経験もなかった。驚いたのは、三菱養和サッカースクールのグランドが視野に入った瞬間である。人工芝のピッチを見るのも初めてだったが、ゴールもボールも揃っていて着替えをするクラブハウスまで整っている。土のグラウンドでプレーして来た私は目を丸くするしかなかった。しかしそれ以上に衝撃的だったのは、世の中にサッカーの指導だけで生活が成り立つ仕事があることだった。横山氏が切り出す。

「どうだ?」

「やりたいです!」

そんな形で即決だったと記憶している。

「ところで今日はどこに泊まるんだ。決めていないならウチに来い」

結局私はそのまま横山氏宅に居候をすることになる。横山氏宅の並びには、奥さんが経営するスポーツショップがあり、その事務所のような場所を住居として提供して頂いた。日本代表監督在任中で多忙を極める横山氏と顔を合わせることは少なかったが、さすがに対面すると緊張感が走った。アマチュア時代とはいえ計り知れない重圧がかかっていたはずなのに、そんな様子は一切見せない。つくづく強い人なんだと感心した。

東京の子供たちの指導は、九州育ちの私にとってカルチャーショックの連続だった。九州では大人が「これをやりなさい」と言えば、子供たちは「はい、わかりました」と上意下達で従うのが当たり前だった。だが東京の子供たちは、良い意味で非常にフレンドリーで率直な反応を返して来る。練習が始まる前には必ず出欠を取るのだが、名前を呼ぶのにイントネーションが違うだけで、ちょっと小馬鹿にしたような笑いが起こった。退屈なメニューを課せば「え〜、面白くねえ」と露骨に文句を言う。しかし私にはそれがとても新鮮で、逆に成長の糧になった。育成現場では主役は選手（子供）たちだ。面白くないと言われて、何を言っているんだ、と反発していたら進歩はない。だからこそ子供たちの素直な反応は、「もう少し工夫をしなければいけない」という反省材料になった。

三菱養和には才能豊かな選手たちも少なくなかった。中学年代には、後に大宮アルディージャなどで活躍し、現在は水戸ホーリーホックのＧＭを務める西村卓朗や、Ｕ‐17やＵ‐20ワールドカップに出場しヴェルディやヴィッセル神戸などでプレーすることになる長田道泰らが所属していた。浦和レッズで長くプレーし日本代表にも選ばれた永井雄一郎は、まだ小学生だったが大人のコーチがゲームに混じっても物怖じせずに仕掛けて来た。当時はサッカー一筋ではなく、水泳でも記録を持ち、ピアノもなかなかの腕前だったと記憶している。

三菱養和は駆け出しの指導者にとっては理想的な環境だった。クラブは原則としてスクールなのだが、選抜クラスを設けてチームとしてジュニア（小学生年代）やジュニアユース（中学生年代）の大会に参加していく。通常は多様なレベルの子供たちが一緒にボールを蹴るのだが、同じ選手が選抜クラスに出てくると引き締まった雰囲気を醸し出す。どちらも貴重な時間だったと実感できたし、改めて育成年代にはどんなカテゴリーでも楽しいと思える環境作りが最も大切だと確認した。

指導の基礎を学んだ三菱養和時代

三菱養和には日本クラブユース連盟の事務局があり、当時は自前のグラウンドに中学生年代の全国9地域選抜チームを集めて大会を開催していた。東海選抜には日本代表の守護神として長く君臨した川口能活や横浜マリノスで活躍することになる山田隆裕、九州選抜には1998年フランスワールドカップでプレーをした城彰二、中国選抜には清水エスパルスからスペインへ渡った安永聡太郎などのタレントがいて、東京選抜にも天才の呼び声が高かった財前宣之を筆頭にヴェルディ勢が顔を並べ、そこに三菱養和からも何人かが加わっていた。こうした逸材を中学生年代からフォローできたのは、掛け替えのない財産になった。日本を代表する選手たちが、どんな足跡を辿っていくのか定点観測できたし、中学生年代でもこんなに凄いことができるという基準を確認することができた。また選抜チームが集結すれば、多彩な指導者も一堂に会すことになるので、いろんな考え方に触れることもできた。

この頃から既にサッカーでは、ボールを使ってトレーニングをするのが当たり前という流れができ始めていた。実際私自身はＧＫ出身だったが、子供たちにデモンストレーションを見せなければいけないので、必然的に足でボールに触れる頻度が高まり上手くなっていくのを体感できた。

在籍期間中には、地域のＣ級講習会に参加させて頂いた。今振り返れば、三菱養和でも推薦枠は限られていたので、よく駆け出しの私を推してくれたものだと思う。たぶん指導者として見様見真似から少しずつやれることが増えつつあった時期だったと思うが、改めてもっと基礎の理解を高めなければ、という気づきを得ることができた。

１９９４年には高円宮杯全日本Ｕ-15選手権決勝で三菱養和が横浜マリノス（当時）を４－２で下したので、携わった選手たちが日本一のタイトルを獲得する姿を見ることができた。後に横浜マリノスでプレーをする井手口純やＨＯＮＤＡ　ＦＣを経てヴァンフォーレ甲府とプロ契約を果たす宇留野純らが最上級生として牽引したチームで、２人とも桐光学園高校へ進み1学年上の中村俊輔とともに全国高校選手権決勝に進んでいる。井手口は小学生年代でも東京都大会で上位進出を果たしていたので、三菱養和では最も付き合いが長く思い出深い選手となった。

三菱養和には5年間在籍し、その間にサッカー界は劇変した。１９９３年にはＪリーグがスタートし、私の地元福岡のクラブも参加することになった。Ｊリーグの準会員として活動をしていた中央防犯藤枝ブルックスを招聘し、福岡ブルックスとしてＪＦＬ（当時2部相当）に参戦。１年で昇格を果たし、１９９６年からアビスパ福岡としてＪリーグに加わった。

その頃クラブに在籍していた福岡大学の先輩が、私に声をかけてくれた。故郷でサッカーの仕事ができる。私にとってはとても魅力的なオファーで、三菱養和も円満に送り出しくれた。

第3章

草創期のJリーグと S級取得

故郷・福岡でゼロからの出発

Jリーグへの参戦が決まったアビスパ福岡（当時福岡ブルックス）で育成に携わるオファーを頂き、私は5年ぶりに故郷へ戻った。

Jリーグは参加する全てのクラブにアカデミー（育成組織）の保有を義務づけた。ただしアマチュア時代にトップリーグに参加していた企業を母体とする老舗ならともかく、アビスパ福岡のように新設されたクラブはトップチームの活動環境の確保を最優先に進めたので、どうしてもアカデミーの整備は後手に回った。

クラブの発足時点で、アビスパ福岡にアカデミーは存在しなかった。静岡県の藤枝市から移転してきたので、練習場所もなければ選手もいない。何の下地もなく文字通りゼロからの出発で、取りあえず既存のクラブと話し合い吸収することになった。さすがにユース（高校年代）は選手を募集したが、ジュニアユース（中学生年代）とジュニア（小学生年代）は、それまで所属していた選手たちにユニフォームを着替えて参加してもらうことで合意を取り付けた。ただし吸収したクラブは、選抜された子供たちを受け入れていたわけではなく、スクール中心の活動をしていた。当然プロの選手育成を目指すアカデミーに、そのまま移行するには無理があった。暫くすると新旧のスタッフ間の見解も分かれ、子供たちやその保護者の中にも様々な感情が沸き、吸収したクラブは再び関係を解消し袂を分かつことになった。地元福岡にＪクラブが誕生するのは喜ばしいことだった。しかしこうして草創期の混乱に巻き込まれた子供たちや保護者の方々は、本当に気の毒だった。

それからアカデミーを託された私たちは、目が回るほど多忙な日々を送ることになる。まず何より頭を悩ませたのは、トレーニングをする場所の確保だった。それまでは吸収したクラブが使用してきたグラウンドで練習をすることができた。しかし関係を解消した以上自力で場所を探さなければならない。

１９９６年には福岡市雁の巣レクリエーションセンター球技場が完成し、アビスパ福岡のトップチームはクラブハウスも完備した天然芝のピッチでトレーニングを始めた。だがアカデミーの主戦場は、そこからだいぶ離れた河川敷のグラウンドだった。しかもそこも確実に使用できるわけではなく、グラウンドを探しまくり役場で交渉をすることもあれば、それまで使用していた土地が急に住宅展示場に変わってしまったこともある。どうしても確保できない時には、駐車場でトレーニングをしたこともあるし、外で走るしかないこともあった。

吸収したチームと袂を分かった後は、ジュニアユース以下の選手たちも選抜するようになったので、私たちへの責任は増していった。せっかく選んで来てくれた子供たちの未来を担うのだから、場所が確保できないから練習ができないとは言えなかった。

まだ当時は「アカデミーは選手を育てましょう」と漠然とした目標は掲げていても、トップチームとの接点はほとんどなかった。ユースチームは稀にトップチームが練習をする隣りの土のグラウンドを使用できたが、互いに顔を合わせる機会もなく、トップがどんなサッカーを目指すからアカデミーにはどういう選手を育てて欲しいなどという要望もなかった。もちろん平均的なレベルを上げる必要があるのは判っていたが、どこのポジションにどんなタイプが欲しいなど細部を突き詰めるには至らなかった。

結局Jクラブと言っても後発のアビスパ福岡は、内外ともにアカデミーの価値を理解してもらうことに苦労した。小中学生年代では、福岡県選抜にも選出経験のある優秀な選手たちが集まってくれるようになり始めた。後にクラブのレジェンド的な存在に育った鈴木惇は小学3年生で加入して来たし、大分トリニータで活躍し浦和レッズへ移籍した田中達也は、私がジュニアユースのセレクションで見た選手だった。

しかし首都圏や関西地区などに比べると、九州では依然として高校選手権への憧れが根強く、ユース年代の選手確保が難しかった。特に東福岡高校は、1997年度にインターハイ、全日本ユース、高校選手権と三冠を獲得。その後も多くのプロ選手を輩出しており、圧倒的な人気を誇りおそらく特待生の条件にも恵まれていた。また博多駅から徒歩圏内なので、この時中心選手だった本山雅志（現・クランタン・ユナイテッドFC／マレーシア）や宮原裕司らは北九州から通っていた。多少遠方からでも新幹線を利用すれば通学が可能だったのだ。

実はアビスパ福岡のジュニアユースには、U‐15から年代別日本代表に選ばれていた小川久範が所属していたのだが、東福岡高校の志波芳則監督から「金古聖司（全国制覇をした時のＣＢ）の後継者はキミだ」と達筆でしたためられた手紙を頂き、熱烈な誘いを受けた。幸い小川本人が「こんな手紙が来ました」と見せてくれたので、私が「こちら（アビスパ福岡）に残したい選手ですので」と丁重にお断りすることになるのだが、中学3年生をクラブに引き止めてユースに上げるのは本当に難しかった。実際前述の田中達也も、アビスパ福岡のジュニアユースから東福岡高校へと進んでいる。「これは！」と本当に見込んだ選手には、なかなか来てもらえないのが実状だった。

面白いタレントが揃っていた九州地方

アビスパ福岡のアカデミーで指導をしながら、私はＪＦＡ（日本サッカー協会）トレセンの九州地域の担当もさせて頂いていた。例えば北九州出身の平山相太は、中学時代から福岡県選抜でもプレーしていてよく知っていたので獲得に乗り出した。頭抜けて長身で意外とテクニックもあり、独特の得点感覚を持っていた。もちろん早熟系だとは思ったが、それを差し引いてもプロで十分通用すると思った。

また2度のワールドカップに出場した大久保嘉人（現・セレッソ大阪）とは、彼が小学生時代に対戦している。私が母を亡くし、一時、北九州に戻り少年チームを指導していた時のことだった。大久保が所属していた少年団は、それほど強いわけではなかったが一人だけ突出していた。彼らだけではなく、九州には面白いタレントが少なくなかった。だが高校選手権の魅力に勝つのは至難の業で、平山も大久保も国見高校（長崎）へと進み、リクルートでは苦戦を強いられた。

もちろん国見高校のトレーニングがきついのは誰でも知っていた。もし中学から進むなら、6年間を通して坊主頭でサッカーに捧げなければならない。きっと首都圏なら別の選択をする子の方が多かったとも思う。しかし少なくとも当時九州でサッカーに打ち込む選手たちには、ある程度の犠牲を払ってでも選手権で勝ちたいという覚悟があった。

アビスパ福岡のアカデミーの評価を高めていくには、とにかく実績を作っていくしかなかった。その後小川は、U-17ワールドカップにも日本代表として出場し、プロ契約を果たした。さらに鈴木惇は、生え抜きでトップチームにまで駆け上がり道標を示してくれた。

一方で私はクラブに対しての愛着を抱けるように、選手たちに語りかけるように努めた。こうした積み重ねによって、田中佑昌のように同じ福岡県内の八女市からアビスパのユースに来てくれて、やがてトップチームへの昇格を果たす選手も誕生した。またユースへの招聘とは異なるが、アビスパ福岡のU-15（ジュニアユース）で指導をした福嶋洋が、ご家族の転勤で進学した都立駒場高校を卒業すると、再びプロとしてアビスパへ戻って来て五輪代表候補にも選ばれた。私にとっては、非常に感慨深いことだった。

結局アビスパ福岡には９年間在籍し、この間に私は指導者ライセンスのＢ級、Ａ級、Ｓ級を取得することができた。３つのカテゴリーを受講し、３回とも同期の参加者の中では最年少だった。

指導者ライセンス講義で受けた刺激

Ｂ級を取得したのは27歳で、筑波大学近くのホテルに泊まり込み２週間の集中講義を受けて終了した。指導者ライセンス制度は、過渡期に差し掛かっていた。田嶋幸三・現ＪＦＡ会長や後に同育成技術委員長を務める山口隆文氏らが、真剣に話し合いながらカリキュラムを再考しようとしていたのを覚えている。当時は指導をする資質より、選手たちと一緒に体を動かす能力に重きが置かれていた。体力測定が実施され、リフティングも50回程度のノルマが課されていたと記憶している。巷間伝わって来るのも「こんな実技テストがあるらしいから準備をしておいた方が良い」という情報で、受講者側も警戒心を持っていた。実際に実技で肉離れをして怒りを露にしていた指導者もいた。初歩的なトレーニングの構築、ウォーミングアップの方法、指導案の書き方、段階的な強度の上げ方などの講義はあったが、期待していたような内容ではなかった。

それに比べれば、A級を受講した時は、随分と内容も整理された印象を受けた。戦術的な講義が増え、映像を見て分析をさせるなど、当時の事情を踏まえればだいぶ発展的だったと思う。もっとも講義で学ぶことは、書籍等を通しても学ぶことが可能だった。それ以上に私にとって大きな財産になったのは、第一線に身を置く刺激的な人たちと接し、同じ時間を共有できたことだった。自分の目標となるような指導者たちの見解、考え方などを実際に聞き、もっと勉強をしなければ、と急き立てられる想いだった。

例えば一緒にB級を受講していた大熊清氏は当時東京ガス（現在のFC東京）の監督で、天皇杯を勝ち進み準決勝を戦うために途中で抜けて行くことになった。受講生全員で「頑張れよ」と拍手で送り出したのを覚えている。

そしてそれにも増してS級で接した方々は、偉大な経験の持ち主ばかりで一緒に濃密な時間を過ごさせて頂いた。受講生の中で最年少の私は、よくフォワード（FW）としてプレーすることになった。私の常識では、パサーの顔が上がっている時に受け手は動くものだった。だがラモス瑠偉氏や風間八宏氏の思考は違った。

「とにかく動けよ。動けばそこに出すから」

そう要求する。私を視野に入れていないはずなのに「そこで（マークを）外せ！　そしたら（パスを）出してやるから」と言うのだ。

私は言われるがままに、視線が落ちていても動き出してみると本当に絶妙のパスが出て来た。これほど別次元の解決方法をたくさん持っている選手に遭遇するのは初めてだった。ラモス、風間両氏は、止める、蹴るにまったくストレスがなく、いつでもパスを出せる場所にボールを置き、プレッシャーを受けていても何事もないかのように自由にプレーができていた。もちろんどこかで私の動きを捉えているのだろうが、いつ見ていたのか判らない。これには本当に驚いた。このレベルになると、一般的な正解ではなく、それを凌駕する発想を持ち、しかも表現する技術が伴っていた。

そんな歴戦の勇士たちが、指導実践の場では本当に熱くなりムキになってプレーをした。指導実践というのは、受講生をA、Bの2チームに分けて順番に監督を務め、週末のゲームを想定して準備を行い指揮を執るものだった。とにかく誰もが人一倍負けず嫌いで輝かしい実績を持っている。だから監督役が巡って来た時の重圧は半端ではなかった。

何しろ朝メンバーを発表すると、途端に「なんでオレがBチームなんだよ」と呟く声が耳に入って来る。それでも試合が始まれば、最年少の私の指揮下で、誰もが疲労困憊でヘロヘロになりながらも全力を出し尽くしてくれた。S級受講時の私は、最後までケガもなく全ての実技をこなしたし、座学も含めて最善を尽くし通した。それを周りの人たちも見ていてくれたからこそ、最年少で監督を任された時も信頼してくれたのだと思う。何より嬉しかったのは、最後に決定機を外したラモス氏に「もう1回やり直せ」と告げると、元気良く「ハイ！」と返事をしてシュートを決めてくれたことだった。

輝かしい経歴を持つ同期S級メンバーたち

S級では講義が始まる時に全員がいくつかのグループに分けられ、私はラモス氏、上野展裕氏（レノファ山口、ヴァンフォーレ甲府などの監督を歴任し、現在は鹿児島ユナイテッド監督）、大出裕之氏（当時松商学園高校サッカー部監督）と一緒になった。その時点で、私は「ラモス氏のサポートをしろよ」という意図を感じた。私なりにラモス氏のために資料作りをして、ご自宅に招かれて一緒に試験勉強をするなど、できる限りの支援はして来たつもりだ。

ラモス氏も感謝をしてくれていたようで、私が山梨学院大学付属高校で全国制覇をした時も真っ先にお祝いの連絡をくれたし、アルビレックス新潟の監督として初仕事となった東京・味の素スタジアムでの東京ヴェルディ戦には「朝知ったから来たよ」と笑顔で駆け付けてくれた。

こうして厳しいスケジュールを共有する間には、様々な指導者と胸襟を開いて話す機会を得られた。それだけにS級の同期は結束が強く、概してその後も一緒に仕事をするケースが目立つようだが、私の同期はむしろ逆だった。ガンバ大阪で三冠を獲得し、現在はFC東京を率いる長谷川健太監督、横浜Ｆ・マリノス、大宮アルディージャ、ＦＣ琉球などの監督を歴任した樋口靖洋氏、78回の国際Ａマッチ出場歴を誇る都並敏史氏、ＪＦＡ技術委員長を務めた霜田正浩氏、ヴァンフォーレ甲府のＧＭや監督を経て代表取締役社長に就任した佐久間悟氏ら多士済々で、それぞれが引きつけ合うより独自の道を歩むタイプが多かった。私は後に長谷川監督に誘って頂き、清水エスパルスで仕事をすることになるのだが、改めて同監督もガンバ大阪、さらにはＦＣ東京へと指導の場所を変える度に異なったチャレンジを行っている。また樋口氏も、Ｊ１・Ｊ２・Ｊ３全てのカテゴリーで監督を務め、その都度クラブの選手の質を踏まえて適した戦い方をしていると感心させられる。霜田氏や樋口氏とはＪ２で対戦することになるのだが、指導者の個性が伝わる特徴的で面白いサッカーをされていた。

もちろんＳ級が終了した時には、あちこちで「また集まろうぜ、飲み会やろうな」などと声が出ていたが、私は内心集まることはないだろうな、と思っていた。ただし集まることがなくても、各地での活躍ぶりが随時伝わってきているので十分に刺激は頂いている。

Ｓ級の受講を通して、現役時代に輝かしい経歴を持つトップレベルの指導者の方々と接し、いろいろと話す機会を得ることができた。こうして雲の上の存在だった人たちと触れ合うのは私にとって初めての経験で、改めて痛感したのが言葉の大切さだった。

参加した多くの方々が、独特の表現力や心に響く言葉を持っていた。指導対象が子供たちなら、多少表現力が不足していても、やって見せてあげれば伝えられることが多い。だがより高いレベルで同じ絵を共有してもらうには、もっと繊細な言語化が不可欠だと思った。まして私には、現役時代の実績がない。例えば指導するのがかつての名選手なら、そのプレーぶりを知っている相手は最初から敬意を抱いているし、言葉の一つ一つに重みがあるから細心の注意を払って耳を傾けてもらえるだろう。しかし天才肌の模範実技が、常に有効だとは限らない。実践力がなければ、それを補う表現力が要るし、逆に私はそれを武器にしていかなければいけないと考えた。できる人が「こうだよ」と話すことで伝わりやすいこともあれば、その逆もある。

いずれにしても指導者は、対象者によって伝え方を変えていかなければならないし、そのためには表現の引き出しが必要になる。こうしてS級受講は、実践して欲しいことを選手たちに落とし込む難しさについて考える貴重な機会となった。

長谷川健太監督の誘いで清水へ

S級ライセンスを取得し、私は一緒に受講した清水エスパルスの長谷川健太監督に誘って頂き、同クラブのサテライトチーム監督兼コーチという役割を与えられた。就任会見では、早速こんな質問が出た。

「これまで育成が長いですが、プロとはどんなところが違いますか」

私は、こう答えた。

「プロは結果が求められる場所です。育成とは優しさと厳しさのバランスが変わってくると思います」

例えば同じ18歳でも、既にプロの世界にいる選手と高校生では違う。プロは常に結果を求められ、その結果を積み重ねることが次のステップへと繋がっていく。同じミスをしても指導対象が高校生ならポジティブな声かけを心がけるべきだろう。しかしプロには明確に「ダメだ」と告げなければいけない。

同じ課題に直面しても、プロはそれを克服しなければ、その先がない。指導者は次へ進むための基準を明確に示し、どうしたらそこへ辿り着くチャンスが巡って来るのかを伝えていく必要がある。

「なぜ使ってもらえないんですか」と聞かれれば「ここができていないからだよ」と毅然と返答をする。すぐには受け入れられない選手もいるだろうが、プロとはそういう世界だと理解させていかなければいけない。

一方で当然プロまで上がって来た選手たちには、一般の高校生とは異なるプライドがある。本人のためにも拒絶されずに、アドバイスを耳だけではなく心に届けるには工夫が要る。私が意識をしたのは、あくまでも相手を尊重し、自身が価値を高めていくためにやらなければならないと、響いていくように話すことだった。

「キミはそれができる選手だからこそ、ここにいる」

苦言を呈する時でも、否定から入るのではなく努力の先には希望が見えてくることを示唆するようにした。一定のリスペクトを払いながら、だからこそさらに実績を高めていくために、こうした方が良いのではないか、と語りかけるように努めた。

2005年に長谷川健太監督を迎えた清水エスパルスは、変革を求められる時期にさしかかっていた。前年は14位でJ1に残留したが、リーグ優勝を争ったり天皇杯を制したりした錚々たるメンバーに刺激を与えるためにも、新しい起爆剤を必要としていた。

その2年前には、柏レイソルの基盤を築いた久米一正GMを迎え、プロの供給源をユース主体で進めて来たクラブは、兵働昭弘（八千代→筑波大）、青山直晃（前橋育英）、岩下敬輔（鹿児島実業）、平岡康裕（清水商）、そして岡崎慎司と外部の高校・大学から有望株を集めて来た。ユースからは枝村匠馬が昇格してきたので新戦力が計6人。彼らは期待通りの成長を見せ、チームを活性化した。

彼らを見て来て痛感したのは、プロには目に見える武器が必要だということだった。青山は無口で技術的に上手いと言えるタイプではなかった。しかしヘディングが滅法強くて、早い段階から五輪代表候補に加わった。ユース育ちの枝村は、技術的にもしっかりとしていて身体も強く、日本代表の伊東輝悦とぶつかっても負けず、ジュビロ磐田とのダービーマッチでは相手のエース名波浩と堂々とやり合う強心臓も持っていた。

しかしなかでも最も印象に残ったのが、おそらく最も即戦力には遠かったはずの岡崎だった。新加入の選手たちと一緒に会見に出席した私は、まだ岡崎のことを知らなかった。

「得意技はダイビングヘッドです」

それまで得意なプレーとしてダイビングヘッドを挙げる選手に出会ったことがなかった。だが思い起こせば、高校を卒業したばかりの18歳が「自分の代名詞はダイビングヘッド」と言い切れるだけのこだわりを持ち、特徴を把握していたことになる。自分で長所を明言できる選手は意外と少なかった。しかも岡崎は、その特徴を活かすことに絞り込み、最大限の努力を続けるのだった。

努力を続けられる才能を持った岡崎慎司

独特の自己主張とは裏腹に、ピッチ上で岡崎の特徴はなかなか見えて来なかった。ケガをしたまま入団して来て出遅れ、コンディションが上がって来ない。足も速くはないし、大丈夫なのかなと、どうしても心配の方が先立った。だが暫く観察していると、しっかりと自分の課題と向き合い、それに即した努力を物凄く集中してできる選手だということが判って来た。連日自主トレの時間を確保し、ダイビングヘッドはもちろん、様々な状況を想定しながらゴール前へ飛び込んでいくシュート練習などを根気強く取り組んでいた。逆に「それ、本当に必要なの?」というトレーニングをしているのは見たことがなかった。自分で考え、本当に必要なことばかりに焦点を当てて実践し続けたことで、やがて結果にも表れ始めた。サテライトリーグでも、私が岡崎に与えた時間は短かったはずだ。ところがピッチに立てば必ず点を取って来る。そこには強いこだわりがあり、実際に長けていた。決して綺麗なゴールばかりではない。ゴール前が混乱しているところへ突っ込んでいく。つまり相手ディフェンダー(DF)が一番嫌がるようなプレーをしていた。

1年目のオフには、足が速くないことを自覚し、陸上競技の100mでバルセロナ五輪(1992年)に出場した杉本龍勇コーチに依頼し、自腹を切って動き出しを速くするためのトレーニングを行った。実際効果は覿面《てきめん》に表れ出したし、驚くほど肉体も変わったので、相当努力をしたことは十分に伝わって来た。

また何より岡崎には、成功を呼び込むキャラクターやメンタリティーがあった。特にルーキーイヤーは、苦しく辛いことの方が多かったと思う。スタッフ間で「トップ(FW)では無理だろう」という声も出て、一時はサイドバック(SB)への転向を検討し、実際にサイドでプレーをさせていた時期もあった。当然陰ではいろいろな葛藤があったはずだ。しかしそれを表には一切出さずに、与えられたポジションを黙々とこなした。落ち込むところは見せたことがないし、いつもポジティブに振る舞って、それをいじられながら周囲を和ませ明るくしていく。つくづくご両親の育て方が素晴らしかったのだと思うし、18歳までにそういう人間形成ができたのは、やはり優れた指導者に出会えたからだと思う。

恵まれた環境で育ち、岡崎には強い生命力が宿っていた。目標を定め、あれほど一途に努力を続けられる選手を、私は見たことがない。その点で岡崎は頭抜けていた。改めて私は、こうして愚直に努力を続けられるのも、重要な才能なのだということを教えられた。

結局岡崎は、サイドでの適性を考え始めた我々スタッフの見解を覆し、本人が自分の生きる場所を見定め、それを証明して見せた。やがて自然に岡崎の特徴と役割は明確になり、周りも理解して得意な部分を消さずに伸ばしていこうと心がけるようになった。どこへ行っても重用され、誰からも愛される岡ちゃんの下地ができ上がりつつあった。その後の岡崎の大活躍には「人はそこまで変われるものなのか」と目を見張るばかりだ。いずれにしても、こうして日本代表でも欧州でもしっかりと結果を出していく選手の原点を見られたのは、私の大きな財産になった。

「ないもの尽くし」の環境

一方で指導者としての私は、それ以上にプロの最前線で戦う長谷川健太監督から数多くの教訓を得た。清水東高校時代から著名で、日本代表としてもドーハの悲劇（1993年米国ワールドカップ最終予選＝最終戦で本大会への出場権を逃す）など数々の貴重な経験をして来た同監督は、一見豪胆なイメージを醸しているのかもしれない。しかし実際に指揮官として試合に臨む時は、非常に繊細に勝つための準備を施していた。例えば選手交代にしても、勝っている場合と負けている場合など大まかなシミュレーションはもちろん、ここで誰をこう代えるとセットプレーの際に高さが不足するからどう対処する？など、直前まであらゆる可能性を膨らませて対処方法を突き詰めていた。さらに毎回試合を終える度に、入念な反省を繰り返す。交代のタイミングもひとつひとつ検証し「上手く行きかけているように見えても、こういう場合は止めよう」「こうなったら代えない方がいい」などと精査していた。もちろんその礎には、勝負師として負けず嫌いな性格がある。絶対に負けたくないから、やられないために一切の妥協なく入念な準備を怠らなかった。

この年チームは長谷川監督の指揮下で、天皇杯全日本選手権の決勝に進出した。今でも鮮明に覚えているのが、2006年元日、東京・国立競技場のフィールドから、優勝した浦和レッズの選手たちがカップを掲げるのを見上げた時の光景である。スタンドではレッズのサポーターが歓

第3章
草創期のJリーグとS級取得

喜に沸く反面、敗れたエスパルスには涙を流す選手もいた。それは互いに勝負に強烈なこだわりを持つ同士が、心血を注いで戦い抜いた後に醸し出す「明」と「暗」の残酷なまでのコントラストだった。私はスタッフとして、この大舞台を経験できたことで大きな刺激を受けた。いつかチャンスがあれば、私もプロのトップチームの監督に、と夢を描いた。

これは後述するが、実はその4年後に、私は同じ国立競技場で立場を変えていた。山梨学院大学付属高校のヘッドコーチに着任して1年目で、全国制覇を味わうことができたのだった。しかしこの山梨学院は、私が最初から関わって来たチームではなかった。だから自分が勘違いしないためにも、優勝メダルは敢えて手もとに置かず学校に寄贈した。しかし清水エスパルスで手にした天皇杯の銀メダルは自宅にある。プロの世界で歩む道の険しさや、勝負の厳しさを心に刻み込み、忘れないためだった。

清水エスパルスでは2年間お世話になった。私と一緒に入団した選手たちも、逞しく成長しつつあった。それだけに正直なところ、もう少しチームの行く末を見守りたい気持ちがあったが、契約が満了しクラブを離れることになる。

私の次の仕事は、ファジアーノ岡山の監督に決まりかけていた。かつてゴールドマンサックスで辣腕を揮った経歴を持つ木村正明社長が、わざわざ清水まで足を運んでくれて詳細を詰めた。まだチームは地域リーグで戦っていたが「将来は必ずJリーグを目指す」と約束し「是非やってください」と言って頂いた。私が希望するトレーニング体制を含めた様々な条件も呑んでくれて口頭で合意し、私は荷造りをして九州へ戻るために高速道路を走っていた。九州へ向かう途中で岡山に立ち寄り、正式に契約を交わそうと考えていたのだ。

ところがその岡山へ向かう途中で、S級ライセンスを一緒に受講した知人から連絡が入った。

「もう（次の仕事は）決まったのか？　岡山とサインをしたのか？」

「これからです」

「実は松本育夫さん（当時サガン鳥栖GM）が探している指導者の条件にピタリ当てはまるので、会ってみてくれないか」

私は「判りました」と答えて電話を切った。もう年の瀬を迎えていたが、それからは一層慌ただしく動くことになった。岡山の木村社長には「もし九州のJクラブからオファーがあったら考えさせてください」と返答してあった。すぐに「申し訳ありませんが、少しお待ち頂けますか」と連絡を入れ、私は松本氏とコンタクトを取った。結局サガン鳥栖サイドとは東京で会うことになり、松本GM、岸野靖之監督の2人と話をした。

どちらを取るべきか、難しい決断だった。S級ライセンスを取得し、清水エスパルスで長谷川健太監督の仕事ぶりに触発され、私にはトップチームの監督をやりたいという欲が芽生えていた。監督として地域リーグからJへ引き上げていくという形にも魅力があった。もし一方で声をかけてくれたのが、九州のクラブでなければ興味は沸かなかったと思う。

結局サガン鳥栖からは、トップチームのコーチと育成部統括を兼務するオファーを受けた。確かに今までやって来たことを考えれば、仕事の継続性はあった。またトップチームの監督として、すぐに結果を出せるだけの十分な自信が備わっていなかったのも事実だった。私は悩んだ末に、東京から新幹線で岡山へ向かい、木村社長に断りを入れた。

しかし実際に鳥栖で仕事を始めてみると、想像を超えて過酷だった。サガン鳥栖は、私が着任する3年前に本体が「株式会社サガンドリームス」へと変わり改善途上にあった。アビスパ福岡時代と同じで、まだアカデミーまでは予算が回らず、トレーニングをする場所を筆頭に「ないもの尽くし」の状態だった。育成の統括を任された私は、時間の許す限りユース（U-18）にもジュニアユース（U-15）のトレーニングにも顔を出すようにした。朝からトップチームのトレーニングに参加しミーティングを終えると、そのまま午後はアカデミーのトレーニングへと向かう。寮生の夕食に付き合っていると、帰宅するのが夜もだいぶ深い時間になりがちだった。さらにその合間を縫うように、アカデミーのスタッフたちと話し合い、地域の周辺の人たちに理解をしてもらうために飛び回った。トップとアカデミーのオフが揃うことは滅多にない。上手く調整しないと、いつまで経っても私にはオフ（休日）が訪れなかった。

「何をしようか」ではなく「何ができるのか」

もともと鳥栖には、好素材が集結するポテンシャルはあったと思う。かつて全国高校総体（インターハイ）で準優勝し、全国高校選手権にも13度の出場を誇る佐賀商業に象徴されるように、サッカーは盛んで数多くの優秀な選手も輩出して来た。だが国見や東福岡など全国区で活躍する高校が子供たちの人気を集め、Jリーグ開幕以降は九州の中学からサンフレッチェ広島を選択する選手も出てくるようになっていた。ただしもし地元に健全な運営ができて選手を育てる環境を整えたJクラブがしっかりと根を下ろせば、こうした素材の流出を堰き止められ逆転していく可能性を秘めていた。その点で鳥栖なら、佐賀県内はもちろん福岡県南部からでも通いやすく、九州全域から選手を集めることも可能だった。

しかし当時の私たちは、まず素材を集めることから始めなければならないのに、せっかく良い選手と出会ったとしても毎日トレーニングに打ち込める場所が確保できていなかった。来てくれる選手たちに対して申し訳ない気持ちもあり、大きなジレンマを抱えることになるのだった。

清水エスパルスでの経験があったので、プロとして求められる選手の基準は把握できていた。それを意識して再び育成の場に立てるのは、大きなメリットになるはずだった。だが選手を導いていくべき到達点が意識できているのに、そこに近づくための方法を実践する環境があまりに不十分だった。

とにかく借りられる可能性のあるグラウンドは、全て調べ尽くした。どうしても八方塞がりならスタジアムの周りを走るしかないこともあり、駐車場に隣接した空き地を使用したこともある。雨が降ると大きな水溜まりができて、いくらボールを蹴っても動かなかったり、それが逆にデコボコのまま固まってしまったり、フィジカル系のトレーニングしかできない日も少なくなかった。

それでも私は環境のせいにはしないと腹を括り、選手たちにもそう話していた。あの頃は、いつも「何をしようかな」ではなく「何ができるのかな」を考えていた。トレーニングに行く先々の環境は、むしろ私より選手たちの方がよく知っていた。現地に到着すると、選手たちは平然としているのに、私だけが「エッ！」と驚かされたことの方が多かったかもしれない。ポゼッションの練習をしたくても、現場が荒れ過ぎていて難しいと思えば、少人数のミニゲームに切り替えるなど、指導者には引き出しの広さと臨機応変さが求められた。

これをやろうと決めたら必ずやり切る――。そういうこだわりは、一切通用しなかった。何より必要なのは決めたことを変える勇気で、柔軟性が不可欠だった。無いものやできないことは、変えられない。それをマイナスに捉えても仕方がない。今振り返れば、指導者として私が最も鍛えられ力をつけた時間だったかもしれない。

サガン鳥栖へ来て２年目には、トップのコーチを外れユース（U‐18）監督と育成統括に専念することになった。感動的だったのは、Ｊユースカップでアビスパ福岡を下しグループリーグを突破したことだった。それまで隣接する福岡には、U-18では1度も勝ったことがなかった。しかし選手たちは劣悪な環境の中で、連日ハードなトレーニングに取り組み、全員が持っているものを全て出し尽くしてくれた。

チームには、かつて私がアビスパ福岡に在籍した時にまだ小学生で、ジュニアで指導をした選手もいた。彼はアビスパ福岡ではユースに上がれず、サガン鳥栖のU-18に進みプレーしていたのだった。勝った瞬間に、彼とは抱き合って喜んだ思い出がある。

あの厳しい環境で選手たちは本当に良くやってくれた。佐賀県外から来ている選手もいて、身体の大きなタイプは少なかった。しかしそのハンデを補うために「強くなければいけない」「走れなければいけない」と強調し、フィジカル強化のベース作りをして、最も気を配ったのは在籍する選手たちの一番の特徴を引き出すことだった。ないもの尽くしの環境でも、選手と一緒に工夫を凝らして歩んでいけば、彼らの可能性を高めて目標に近づける。サガン鳥栖での2年間で、私はそれを実感した。

そんな体験を共有したせいか、今でもこの頃の選手たちは、よく連絡をくれる。それぞれの分野で逞しく挑戦的な人生を送ってくれていて、心底喜ばしく思っている。

私が去ってから、２０１４年には佐賀市健康運動センター、サッカー・ラグビー場が完成。ユースの練習拠点が定まり、最近では育成面で目覚ましい成果を挙げている。現在トップチームで10番を背負う樋口雄太は、サガン鳥栖U-12からの生え抜きの選手で、Jリーグからの派遣で一緒に韓国遠征に出て大会に参加し、現地でも非常に高い評価をされた選手だった。そのポテンシャルは、今、見事に証明されている。

第４章

選手権優勝も経験した山梨学院時代

昔ながらの高体連のチーム

ちょうどサガン鳥栖の契約が満了になる頃に、ヴァンフォーレ甲府でジェネラル・マネージャー（GM）を務める佐久間悟氏から連絡を受けた。山梨学院大学付属高校が指導者を探しているということだった。

山梨学院と言えば大学の箱根駅伝などの活躍は知っていたが、高校のサッカー部を強化し始めたことは佐久間氏から聞いて初めて知った。当時まだ山梨県の高校サッカーで思い浮かぶのは、せいぜい韮崎や帝京第三くらいだった。

過去に大宮アルディージャでもGM経験を持つ佐久間氏とは、S級ライセンスを一緒に受講した。久しぶりに対面し、佐久間氏は非常に興味深いヴィジョンを披瀝《ひれき》してくれた。山梨県内には寮を備えてサッカーに力を入れている私立高校が複数ある。そこに県外からも優れた素材を呼び込み、プロクラブと連携しながら発掘育成していこうというアイデアだった。私もそれを聞いて、地方クラブのモデルケースとして斬新で将来性を感じさせる発想だと思った。

Jリーグが創設され、全てのクラブにはアカデミー（育成下部組織）を持つことが義務づけられた。プロに直結する組織なので、関東や関西のクラブには大量の希望者が押し寄せた。だが地方へ行けば、まだ高校選手権の人気が根強かった。私自身がアビスパ福岡やサガン鳥栖で選手集めに苦労したように、ヴァンフォーレ甲府のアカデミーも苦戦を強いられていた。近隣の東京都や神奈川県には複数のJクラブがあるので、そちらへ流れて行く有望な選手もいるし、山梨県は高校サッカーの人気が高いのでユースより高体連を選択する選手が少なくなかった。それならせっかく同じ県にあるプロクラブが、学校と連携をしながら選手たちを見守る仕組みができれば、素材の発掘育成の効率が高まる。地域密着の発展形としても理に適っていた。

私は取りあえず山梨学院の施設を下見に出かけた。自前の人工芝のピッチに寮が隣接し、学校へも自転車なら5分間程度で通える。Jユースでも滅多に見られない文句のつけようのない環境が整っていた。当時はヴァンフォーレ甲府のトップチームの方が、山梨学院大学付属高校のピッチを借りてトレーニングを積むこともあった。Jクラブのアカデミーの難問の一つに、遠方からの移動問題がある。サンフレッチェ広島のように、先駆的に高校と提携し「授業→トレーニング→帰宅（寮）」の移動距離をコンパクトにしたクラブもあるが、多くは遠方から通ってくる選手を多数抱えている。逆に山梨学院へ来て実感したのは、移動時間がなくなり適切な栄養と睡眠を確保できると、選手たちの身体が驚くほど大きくなるということだった。

私はサガン鳥栖で環境面の難しさを痛感し、限界も感じていた。Jクラブがアカデミーを創設するのは、優れた選手を発掘して将来プロに育てていくのが目的だった。ところがせっかく良い選手を発掘しても、環境が整備されていないチームに勧誘するのは無責任だし、気の毒だという想いもあった。いくら鳥栖に来て欲しいと熱弁してみても、本人のためには環境が整った高校を選ぶ方が得策かもしれない。そういう環境で無理にアカデミーを続けていくことには矛盾を感じていた。

また当時の私は、ユース日本代表（U-20）や川崎フロンターレ、さらには地球環境高校（長野）などの監督を歴任した松本育夫氏の言葉に感化されていた。

「24時間選手のことを考え続ける」

それが松本氏のポリシーで、非常に情熱的な指導をされていた。私も24時間選手たちと関われるような環境に身を置いて、もう1度育成に携わってみたいという気持ちが沸き上がっていた。そして山梨学院で寮に入れば、それが実現する。結局私は紆余曲折を経て、大学時代に断念した教員の道に戻って来ることになるのだった。

しかし寮を訪れた初日から、私は前途多難な現実に直面する。食堂へ入ってみると、金髪の生徒が床で寝ているのが視野に入った。この寮には一般学生もいるのか、と勘違いしたほどだった。2月だったので、既に部活を終了した3年生が、卒業式までの束の間に羽を伸ばして髪を染めていたのだった。食堂で寝ていたのは、そこで点呼を取るので、遅刻して罰則を食らわないための防衛策だった。

それは1年後の未来を示唆しているという見方もできた。これから指導をしていく選手たちも、あまり締め付け過ぎると同じことを繰り返す可能性がある。極力そうならないためには、どうしたら良いのか…。じっくりと考えていかなければならない課題だと思った。

暫くして点呼の時間になると、サッカー部員が集まって来た。私は早速挨拶をした。

「今日からこの寮に住むのでよろしく。監督室のドアは開いているので、いつでも来てね」

私が監督室に入ると、碓井鉄平主将（現・カターレ富山）を先頭に2~3人が顔を見せ、さらに3年生の大半が続き、瞬く間にリビングルームが埋まった。彼らは初めて入った監督室を興味深そうに眺め回した。今まで生徒たちは、寮へ戻ると監督と顔を合わせた経験がなかったという。

鮮明に覚えているのは、最初に投げかけられたのが「殴りますか？」という質問だったことだ。

「オレは殴ったことも蹴ったこともないよ」

「走らせるんですか？」

「必要なときは走るかもしれないね。でもその時は、どうして走るのか説明はするよ」

実はサガン鳥栖時代に、山梨学院と接点を持つ可能性があった。山梨学院が夏に九州遠征を行ない、ユース年代のマッチメイクをしている旅行代理店から私に連絡が入り、練習試合を申し込まれた。スケジュールが合わなかったので断ると、代理店はアビスパ福岡ユースとの試合を成立させた。アビスパ福岡の指導者とは親しかったので、後日「どうだった？」と連絡をしてみた。

「昔ながらの高体連のチームで、ベンチからは罵声が飛び交って酷い雰囲気でしたよ」

それは他愛のない会話の一端で、私にとっても重要な記憶として残っていたわけではない。しかし山梨学院からオファーを受けた時に「そう言えば…」と蘇って来た。またS級ライセンスの講師だった山口隆文氏は、当時FC東京U-15むさしの監督を務めており、サッカー部を強化し始めた山梨学院に多くの選手を送り込んでいた。私の師に当たる山口氏からも「なんとか頼むよ」と概略を聞いていたので、おおよそ現場の状況は察していた。

負けた責任を共有するため坊主に

山梨学院のヘッドコーチに着任した私は新人戦の視察をして、4月からは教員として体育の実技限定で授業を持つことになった。24時間選手と寄り添うのは、自分から望んだ環境だった。だが教師として授業だけではなく生活指導も行い、それが終わればサッカーの指導が待っていて、寮に戻れば生徒たちの管理に責任を負う生活は、想像を超えて激務だった。

着任当時の3年生は元気が良くてやんちゃな生徒が多かった。まだあまり高体連の水準を把握していたわけではないが、選手たちのレベルは思ったより高かった。ただし反面、もう少し大人にならないと…、というのが率直な感想で、彼らが持つ潜在的なパワーをどうまとめていくかを苦慮し、とにかく可能な限り会話の機会を持つように努めた。

厳格な上下関係が確立された部活内では、上級生が理不尽に怒りの矛先を下級生に向けてしまいがちだ。そういう幼稚な腹いせは、どこかで断ち切らないと連鎖していくし、高校を卒業した途端に通用しなくなる。

サッカーの試合も同じだ。ミスの責任をチームメイトに押しつけて詰めれば、チームは悪循環にはまっていく。日常から思い通りにいかないことがあっても、自分自身に矢印を向ける習慣づけをしておくことが大切だった。

チームは春先から順調に結果を出していった。関東大会では、準決勝で稲垣祥（現・名古屋グランパス）や高木利弥（現・松本山雅から愛媛ＦＣへ期限付き移籍中）らを擁す帝京（東京）を、決勝でも伝統校の真岡（栃木）を下して優勝することができた。だがこの関東大会で延長戦を含む連戦を重ねたことで、選手たちの体力は限界に近づいていたようだ。直後に開催されたインターハイ（全国高校総体）の山梨県予選では、故障者が連鎖し本来のパフォーマンスを発揮し切れず準決勝で敗れてしまった。

試合後には主将の碓井や副将の中田寛人が、この敗戦を教訓にするために坊主にしていた。そしてその光景を見た私は、彼らからバリカンを受け取り、碓井に「おまえがやれ」と指示して髪を刈らせた。碓井は「本当にいいんですか？」と怖々とバリカンを手にしたのを覚えている。実際にその夜点呼を取る時に、坊主頭の私を見た選手たちは凍り付いていた。

私は彼らと負けた責任を共有したかった。敗因は当然私にもある。主将や副将が坊主にするなら「オレにも責任はあるよ」と行動で示し、語りかけたつもりだった。

海外では、勝てば「オレのおかげ」で、負ければ「選手たちの責任」というスタンスを取る自信に満ちた監督もいる。実際「勝ったのは、オレのおかげ」とか「オレがやれば勝てるよ」くらいの豪語ができる方が、プロらしいのかもしれない。しかし私は常に「選手たちは良くやった」、そして「負けたのは自分の責任」という姿勢を貫きたかった。選手たちに自分に矢印を向ける習慣をつけさせるには、まず私が率先して示していくべきだと思っていた。またもし私が「オレの責任」と言っても、選手個々が「そうは言ってもオレにもこんな責任があった」と振り返れるチームは、成長できるし強くなれると考えていた。

サッカー部の生徒たちは、周りの先生方から多くのクエッションマークをつけられていた。しかし私は何かあっても頭ごなしに怒るのではなく、どうしてそういう行動を取ってしまったのかを丹念に聞き出し、少しでも変わるきっかけになれば、と試行錯誤を続けた。「自分の責任はピッチだけ」と、授業や生活面は学校に丸投げという姿勢は取りたくなかった。だから選手たちにはピッチを離れた時の行動の大切さを繰り返し説き、少しでも時間が空けば彼らが授業を受けている教室を見て回った。

どうしてもサッカーが上手い子は、ピッチ上だけ優等生を演じ、逆にピッチを離れれば別の顔を持つことがある。私が頻繁に授業を見学することで、多少なりともオフ・ザ・ピッチでの行動に自己規制がかかればと考えた。時には茶目っ気のある先生が、寝ているサッカー部員を起こすために、敢えて私を教室内に招き入れてくれることもあった。

サッカー部の選手たちには、私とだけではなく校内の先生方とも良好な関係を築いて欲しかった。サッカー部が校内で迷惑をかけるのではなく、みんなから応援されるようになることが大切だと思っていた。

こうして選手たちとはピッチに止まらず、学校や寮でも関わるようになり、クラブチーム時代に比べればそれぞれとの関係は深まっていった。私は敢えて選手たちのプライベートな情報も収集するようにしていた。おそらく寮生たちの保護者は、サッカーの指導だけではなく半ば親代わりも期待している。だから聞かれればどんなことでも答えられるようにしておきたかったし、選手たちの人となりを熟知した上でサポートしていきたかった。選手たちの彼女に会えば「ちゃんと頑張らせてね」とか「応援してあげてね」と声をかけることもあった。

指導・分析から運営まで全てを一人で

私の学生時代を振り返れば、やはり強面で威厳を保ち、絶対的な存在としてチームを統率するタイプの指導者が多かったと思う。特に高校時代は反抗的な方だったので、よく殴られたものだ。しかしそういうやり方を貫くのは、私には無理だと思った。威厳や怖さがなくても一体感を作れる。そんな指導にチャレンジしたかった。

私の指導者としての原点は、福岡大学サッカー部監督の田村脩氏との出会いだった。語気が強いわけではないが、厳しい言葉を容赦なく浴びせられた。ただしその一言一句が怖いほど的を射ていた。躊躇ないストレートな物言いが、まるで全ての真実を見透かしているようだった。

私は高校時代まで本当にサッカーを教わったという実感がなかった。自分たちで考えて工夫していくのが部活だと思っていた。だが田村氏に会い、本物の指導者とはこういうものなんだ、と痛感した。その田村氏はゼミも持つ教授だったのだが、自分のことを「先生」ではなく「コーチ」と呼ばせていた。その響きが新鮮で、私自身が生徒たちとの距離を縮めようとしていたこともあり、校内でも「先生」ではなく「さん」付けで呼ばれていた。他の先生方からは「きちんと先生と呼ばせるべきだ」と忠告を頂くこともあったが、先生と生徒という縦関係を築きたいとは思わなかった。

本来サッカーは先生が教え込むものではないし、コーチが指示通りに動かすものでもない。しかし学校の先生が監督を兼任すれば、当然選手たちはそれなりに委縮し忖度もする。生徒の成績を左右し進学への影響力を持つかもしれない教師がピッチで高圧的に指示を出せば、選手は反論し難いし自由な自己表現にブレーキをかけてしまう。何よりそれでは楽しくない。だから私は、なるべく「先生」の立場をピッチ上に持ち込みたくなかった。学校にいる時、ピッチに立つ時、それに寮にいる時で、極力選手たちとは違う接し方をしてきたつもりだ。

山梨学院で仕事を続けていくうちに、大学時代に1度は敬遠した教員が、必ずしも不向きではないのかもしれないと感じ始めていた。内心で面倒臭いと感じながら、生徒のことが気になって仕方がない。気が付けば放って置けず、むしろ積極的に関わってしまう。お節介で人好きなのは、否定しようがなかった。

もっとも好きでなければ、とても続けられない仕事でもあった。今でこそ多くの強豪校では指導面を細分化したスペシャリストが育ち、分業制が採られている。しかし当時は、まだ指導や分析から運営まで全て一人でこなすのが当たり前という風潮があった。授業を持ち、放課後になるとピッチに出ていく私は、旅行会社との打ち合わせや経理まで担当し、大会が近づけば一人部屋にこもって分析をした。寝る間も惜しんで激務をこなしていたので、ピッチ上で選手たちが走るタイムを告げながら記憶が飛んでいることもあった。ストップウォッチを手に立ったまま睡魔に襲われた私は、選手たちの笑い声で起こされることになる。計測者が居眠りをしたために得をした連中が歓声をあげているのだった。

大所帯には、いろんなタイプの人間がいて、人の数だけ個性がある。その個性を互いに尊重しながら、ルールに則ってプレーするのがサッカーだ。それはとても面白いことなのだが、実際に束ねていくのは簡単な作業ではない。

精神的に変わるきっかけを与えたい

私が山梨学院に来た時の新チームで、10番を背負っていたのが伊東拓弥だった。身体は小さいが、圧倒的な爆発力や技術を備え、十分にプロになれるポテンシャルを秘めていた。目立つのが大好きなので、大舞台になるほど力を発揮する。そういう意味では頼りになる選手だった。ただし反面精神的には幼くて、非常に不安定だった。彼が将来サッカーで成功できるかは、本気で打ち込めるかどうか、にかかっていた。だから私は、サッカーに全てを注ぎ込むように訴え続けたが、どうしても長続きはしなかった。何か気に障ることがあれば、いつでもサッカーを放り出してしまいそうな危うさは仲間も感じていたはずだし、最

大舞台になるほど力を発揮し、十分にプロに進めるポテンシャルを秘めていた伊東拓弥

後まで払拭できなかった。

伊東とは1年間の付き合いだったが、最もたくさん話したと思う。結局彼は、卒業とともに本格的なプレーを断念してしまうのだが、もう少し早く出会えていればサッカーを続けさせてあげられたかもしれないと悔いが残っている。なんとかして次の扉を開けさせてあげたい選手だった。

高校年代のチームを担当すれば、いわゆる問題児は毎年必ず存在する。しかし私は、そういうタイプを除外せずに、しっかりと向き合うようにしている。問題を起こすような選手は、それだけのパワーを内包している。もしそのパワーを正しい方向へ導けば、とんでもない力を発揮するかもしれないし、それはチームにとっても大きなプラスをもたらすことになる。もちろん私のアプローチにまったく乗ってこないタイプもいる。しかし本気で「これだ！」と思った素材には、結構しつこい方だと自認している。

少なくともみんなサッカーを続けて来て、山梨学院に入学して来た選手たちなのだ。サッカーが大好きだという共通項はある。問題があると言っても、多少我がままで協調性に欠けたり、好きなことしかやらなかったりという程度のことだ。粘り強く長所を消さずに、チームのために何をすれば貢献できるのかを明示し、しっかりと役割責任を意識させるように努めて来た。

偉そうに「人を変える」ことができるとは思っていない。だが変わるきっかけくらいは与えられないだろうか、とアプローチを続けた。最終的には自分で変わるしかないわけだが、もしどこ

負けず嫌いで妥協を許さないタイプの碓井鉄平（右）とチームの中和剤的役割を果たしてくれた中田寛人（左）

かで人のため、チームのために、と目覚めてくれれば、チームの大きな利益にもなりみんなも得をすることになる。

振り返れば、山梨学院時代も歴代の中心になって来た選手たちは、才能には恵まれていても精神的には不安定で危ういタイプばかりだった。大きな成功をもたらす可能性もあるが、チームの勝敗を左右する大失敗をする危うさも秘めている。しかしその危険な要素を矯正するだけでは、将来の大きな飛躍は望めない。だから敢えて使って、その経験を将来の糧にして欲しいと思っていた。結局最後はほとんどの選手たちが「あの時オレが決めていれば」「あそこでオレがマークを外していなければ」などの後悔とともに高校生活を閉じている。しかしその痛恨の想いが、次のステージで大きなバネになったはずだ。

着任して初年度の選手権優勝メンバーでは、キャプテンの碓井が負けず嫌いで自他ともに妥協を許さないタイプだった。普段は非常に利発なのだが、ピッチに出ると人が変わる。何事にも全力で取り組むのは良いのだが、難しい状況に陥ると相手を止めるために削りに行くのも躊躇がない。周りにも直截的な物言いをするので、どうしても敵を作りやすかった。既に私が山梨学院に来た時点で、新チームの主将は碓井に決まっていたのだが「どうしてなんですか！」と抗議してきた選手もいた。

強烈な個性派集団は、大きなパワーを貯め込みながらも、一触即発で内部崩壊の危険性を秘めていた。その中で最高の中和剤の役割を果たしてくれたのが最終ラインを束ねる中田寛人だった。ヒロ（中田）は、私にとって不可欠の相談相手だった。温和なヒロは、誰とでもフラットに話すことができて全ての部員から信頼を集めていた。私はチーム内に険悪なムードが漂うと、決まってヒロを呼び「なんとか頼むわ」と火消しを託した。最終的に冬の全国高校選手権でチームが一体感を持てたのは、ヒロの多大な貢献があったからだった。

「攻め」を貫き選手権初出場初優勝

山梨学院へやって来た私は、最初はヘッドコーチの肩書きで、2年目からは監督に変わった。ヘッドコーチの間は、お試し期間だったのだと推測するが、全国高校選手権で優勝してようやく「新監督」と認知されたのかもしれない。

私がヘッドコーチの間は、横森巧氏が監督を務めた。横森氏は韮崎高校監督として一時代を築き、選手権では5大会連続でベスト4以上に進みながら準優勝が3回。悲運の名将と呼ばれた。ほとんど現場のことは私に任せてくれて、試合前になると「1時間だけオレにくれ」と自分なりの考えを選手たちに伝えて送り出すのが定例になっていた。

実は私も横森氏のやり方を倣い取り入れたことがある。横森監督は選手たちを大きな試合に送り出す時に、それぞれの長所を伝えて存分に発揮するように鼓舞していた。大きな試合を迎えると、緊張が高まり自分を見失いそうになる選手たちもいる。そこで個々の良さを再確認させて「やれること=やるべきこと」を整理させれば、落ち着いてピッチに向かえるようになる。この方法は、後にアルビレックス新潟でプロの選手たちを試合に送り出す時にも使ったことがあった。

横森氏は、時として天才的な閃きを発揮することがあった。ベンチに座り戦況を見つめながら「アイツは、代えた方がいい」と漏らすと、その交代策が見事に当たったことも何度かある。

だがどうしても根幹の部分で意見が食い違うこともあり、そこは私も譲れなかった。例えば、初出場を果たした全国高校選手権の2回戦では香川西との試合になった。前半で先制したので、私は選手たちになるべくボールを保持しながら、相手が前へ出てくるようならカウンターを仕掛けるように指示を出した。ところがその通りに選手たちがボールをキープし始めると、ベンチ内の横森監督が「これじゃ、やられる」と繰り返し始める。直線的にゴールに向かうよりボールを大切に支配する策に焦れていたのだと思う。

ところがその後山梨学院は、見事に中央から崩し切って追加点を奪った。するとそれまで横やりを入れていた横森監督が、立ち上って拍手をしていた。さすがにこの時ばかりは、私も腹を立て「大会が終わったら辞めよう」と思ったことを覚えている。

一方で決勝戦の相手が青森山田に決まると「スイーパーを置き守備を固めないとやられる」と言い出した。実は1度だけ練習試合でスイーパーを最後尾に置く4バック（スイーパーシステム）を試し、相手の強力なストライカーを抑えて上手く機能したことがあった。しかし私は、守勢に回ったら逆にやられると分析していた。

全国高校選手権に初出場を果たした山梨学院は、２００９年12月31日に野洲（滋賀）との初戦を迎えた。大会が始まると、私は深夜どころか明け方近くまで部屋に閉じこもって分析映像の編集作業を行っていたので、連日2時間ほどしか睡眠を確保できていなかった。開幕後はベンチ外の選手に次の対戦相手の映像を撮りに行ってもらい、私はホテルに戻ると、すぐに映像を受け取り、ひと通り見てから編集作業に入る。あまり多くの情報を与え過ぎれば逆効果になる。見せるのは選手たちが対応可能なものだけに絞り込んだ。

横森監督が決勝戦で戦術変更に踏み切ろうとしているという情報は、選手を通して応援をしてくれている地元メディアの方々にも伝わったようだ。決勝戦もそれまで勝ち進んできたやり方を貫いて欲しいという想いは、彼らも同じだったようで、監督には「どうか選手たちの思うようにやらせてあげてください」と直訴してくれていたという。

一方で私は分析映像で説得しようと考えた。

「守ったらやられる、攻めたらこんなにチャンスがある」

敢えてそういう映像を選択して、監督や選手たちに見せた。青森山田はミッドフィールド（MF）の中央に柴崎岳（現・レガネス／スペイン2部）と椎名伸志（現・カターレ富山）を配していた。2人とも高校サッカー界では突出した才能の持ち主だったが、まだ守備力は開発途上だった。また椎名は靭帯断裂の大怪我から、常識を超える短期間で復帰していた。本当にそんな状態でサッカーをやって大丈夫なのか？……、そういう疑問とともに、ずっと気にかけていた選手だった。おそらく連戦での負荷を考えても無理は効かない。守備への貢献は限定的だと読み「椎名の脇を突いて最初から怖がらずに攻めて大丈夫だ」と訴えた。横森監督も、ようやく最後のミーティングを終えると「そのまま（のフォーメーション）で行こう」と納得してくれた。

こうして私は山梨学院へ来て1年目で、高校時代に描いた「指導者として選手権に出場し国立競技場へ連れて行く」夢どころか、初優勝を果たしてしまった。碓井の鮮やかな決勝ゴールの軌道を、椎名は寄せ切れずに見送っていた。東京・国立競技場では、清水エスパルス時代の天皇杯決勝で敗者として辛酸を舐めたが、今度は同じ場所で真逆の歓喜を経験することができた。

勝因は大会を楽しめたこと

選手権が始まる直前には、かつて横森監督が率いた韮崎高校のエースだった羽中田昌氏が激励に来てくれた。事故で車椅子での生活を強いられながら、指導者や解説者として活躍されている羽中田氏が強調していたのは「みんな、楽しんでね」ということだった。おそらくそれは羽中田氏の心の底からの声だったと思う。羽中田氏が躍動した頃の選手権の映像を見ると、それはまさに「戦い」だった。当時の選手たちは、激しいトレーニングを経て、県民の期待を背負いながら悲壮感さえ漂わせて闘い抜いていた。それに対し山梨学院の選手たちは、みんなが大会を楽しみ、文字通りプレーをしていた。私は改めてサッカーでは楽しむ雰囲気が大事だと感じた。敢えて勝因を挙げるなら、選手たちが大会を満喫し、日常から培ってきたことを思う存分表現していたことだと思う。

組み合わせ抽選を終えた時点では、最初から強豪との試合が続くことが予想された。特に初戦で顔を合わせた野洲には、夏の遠征ではまったくボールを奪えずに手も足も出なかった。ちょうど山梨学院に故障者が出ていた時期だったが、やはり野洲戦が大きなヤマになることは間違いなかった。しかももし野洲に勝てたとしても、次は前橋育英という大きな壁が待っているはずだった。ところがその前橋育英が香川西に敗れたことで、もう少し上まで行けるのでは、という繰り返しで頂上に到達してしまった。

ただし優勝が決まる試合終了のホイッスルを聞いた瞬間、真っ先に頭をよぎったのは「これからが大変だな」という想いだった。全身で歓びを発散させる選手たちを見ながら、私はこれから彼らが背負うものの大きさに想いを巡らせていた。彼らをきちんと社会に送り出さなければいけない。私は国立のピッチの上で、その責任の重さを噛みしめていた。

全国高校選手権への注目度は破格だ。優勝した翌日山梨県は大雪に見舞われた。その中で私たちは山梨県庁から学校までオープンカーでパレードを敢行した。天候が悪かったので「人手も少ないだろう」という見方もあり「少し走って角を曲がったら（天井を）閉めましょうか」との声も出ていた。ところが沿道には黒山の人だかりができて、最後まで途切れることがなかった。山梨県勢で初めての快挙は、一躍彼らをヒーローに変えてしまった。

確かに成し遂げたことは凄かったと思う。しかし反面私が彼らに一番伝えなければならないのは「選手権はただの通過点に過ぎず、これが全てではないんだよ」ということだった。快挙は素直に讃えてあげたい。でもそれが終着点ではないことも心に刻み込んで欲しい。私の胸の内では、

選手たちが大会を満喫し、培ってきたことを表現できたことが優勝という結果につながった

相反する想いが葛藤していた。

いずれにしてもこの快挙は、決して私が成し遂げたものではなかった。選手の努力が報われ、彼らのためには喜ばしいことだった。だが優勝メンバーと私の付き合いは、わずか1年間に過ぎない。本来育成とは丹念に選手個々と向き合っていくことだと思っているので、私が彼らに与えられた影響は限定的だった。それを自分自身の心に刻み、勘違いをしないためにも、メダルは手もとに置かず学校に寄贈し、自分のキャリアとしてもカウントしないと決めた。

選手権に優勝したことで、校内でのサッカー部の立ち位置も一変した。サッカー部は注目を集め期待される存在になった。それからは全校応援にも熱が入り、何度見ても「凄いな」と感心した。

私が国立のピッチで感じたように、後を引き継ぐ選手たちは常に注目され重責も担うことになった。しかし私は、この変化を必ずしもネガティブに捉えることはなかった。勝ったからこそできる経験がある。その上で立ち居振る舞いに気を配りながら行動をしていくのは、きっと人としての成長を促すと考えた。

振り返れば、山梨学院の全国制覇は、山梨県全体にも良い刺激を与え、やがて相乗効果をもたらしたと思う。1つ強いチームができれば、そこを倒すために包囲網ができて、お互いの切磋琢磨が始まる。山梨学院を倒して全国大会に出ていくチームは、オレたちだってできる、と優勝に近い目標を掲げるようになり、他校からもJリーガーが誕生していった。山梨学院は県外の生徒が中心となり、私の在籍中は一貫して「7－3」くらいの割合だったが、それでも山梨県に漂っていた閉塞感を打破する役割は果たしたと思う。逆にそのまま一強状態が続いたのでは、山梨学院もレベルの維持が難しかったはずだ。

激務の監督業

優勝した翌年から私の肩書きは、ヘッドコーチから監督に変わった。しかし今だから明かすが、実はこの仕事は1年間で辞めるつもりだった。何事も初めて尽くしで、全てを一人で背負い込む生活は、あまりに過酷だった。ピッチ上で立ったまま居眠りをしてしまうようでは、もう体が持たないというのが率直な想いだった。１日の仕事を終えて寮に戻っても、何か起きたら大変だという緊張感から解放されることはなかった。選手権制覇から10年以上が経ち、当時10番をつけてやんちゃ坊主だった伊東拓弥が子供たちの指導をするようになったそうで、ようやくあの頃の私の気持ちが判るようになったと笑っていた。とにかくこの激務をいつまで続けていけるのか？という疑問は、脳裏から離れることがなかった。

それでも私は山梨学院に残る選択をして、計7年間も指導を続けることになる。長く続けた大きな理由は、監督を託されたことだと思う。仕事を続けていくと選手を受け入れる窓口にもなり、当然関わる選手たちの数も増えていく。全国制覇をしたことで、サッカー部に限らず学校への入学志願者も増えた。

昔を知る人から話を聞くと、創設当初は相当に荒れ放題の学校だったという。シンナーを取り締まることもあったそうで、最寄り駅には近づかない方が良いとの悪評もあり、逆に県内から入学希望者を募るのは難しかったそうだ。だが学校に運動強化部ができてからは、入学してくる生徒も選手も変わって来た。今では特進コースもできて東京大学や京都大学の合格者も出すようになり、スポーツでもプロや五輪代表選手などを輩出するようになった。私が在任している間には、一般学生の中に突出してやんちゃな生徒は、ほとんど見かけることがなくなっていた。

サッカー部にも、さらに可能性のある選手が来てくれるようになった。私自身は、指導することが嫌になったわけではないので、そこに不満はなかった。せっかく関わりを持った選手を放り出すわけにはいかないし、逆に高校でもっと違ったものを表現できないだろうか、と模索するようになり、そうなると辞めるモチベーションは薄れていった。

私が山梨学院に在籍した7年間で関わった選手の中から、大学経由も含めて14人がプロへの道を歩んだ。だがやはり残念だったのは、せっかく全国制覇を経験した何人かの選手たちが、そこで燃え尽きて本格的なプレーから退いてしまったことだった。それは私の本意ではなかった。私にとっては、高校選手権で勝つより、そこからどんな人を送り出せるかが重要なチャレンジだったからだ。やはり改めて優勝メンバーとは、もう少し早く出会えていれば、という想いが消えることはなかった。

全国高校選手権は、日本がまだアマチュア時代で低迷が続いた頃には、サッカー小僧たちの憧憬の的となりモチベーションをかき立てた。確かに多くの高校生が3年間を選手権に賭けてくるので、凄い力を引き出してくれる側面もある。Jリーグが創設されてからも、この大会を目指して敢えてJユースではなく高体連を選択する選手たちもいる。依然としてそれほど魅力的な大会なのは事実だ。しかし高校の部活は、全ての選手たちにとってゴールではないはずである。そろそろそこで燃え尽きずに、さらに次のステージでステップアップできる選手たちを増やすためにも、形を変えリニューアルを検討するべき時期が来ていると思う。

ゲームを読む力が卓越していた白崎凌兵

私が山梨に来たのと同じタイミングで入学してきたのが白崎凌兵（現・鹿島アントラーズ、サガン鳥栖へ期限付き移籍中）らの世代で、初めて3年間を通して指導することになった。入学当初の白崎は、高いテクニックは持っていたが、ほとんど動かず突出した存在には見えなかった。実際に1年生の時は、山梨県の国体メンバーからも漏れている。ところが2年生になる頃に見違えるように成長し、チームを牽引する存在に急変貌した。全国高校選手権をベスト8で終えると、2年生としてはただ一人だけ日本高校選抜に選ばれ、最上級生になると7つのJクラブからオファーを受けた。ただし残念だったのは、短期間で次々にオファーが来たクラブの練習に参加して回り、故障を悪化させてしまったことだった。

2年生になるころから急成長した白崎凌兵。
3年生になると7つのJクラブからオファーを受けた

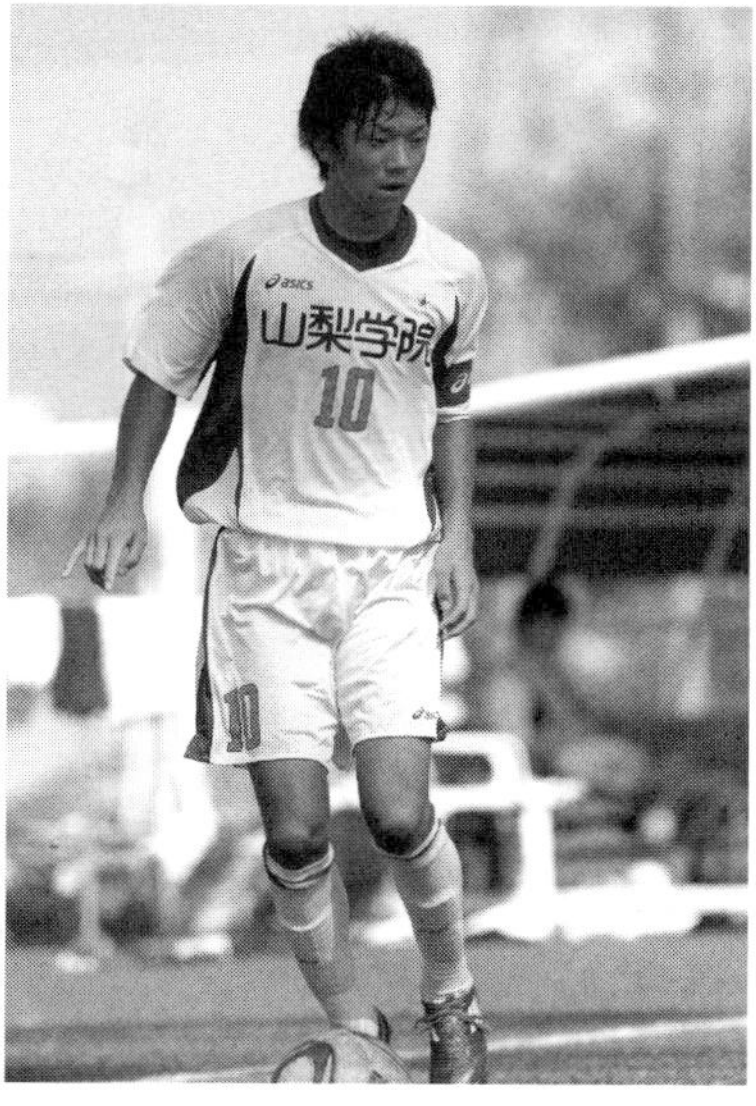

白崎と向き合い、改めて高校年代の3年間という括りが不合理で、日本サッカー界の大きな課題だと感じた。2年生で日本高校選抜に選ばれている白崎は、もう1年間高校でプレーする必要がなかった。もしJクラブのアカデミーなら、当然トップチームのトレーニングに参加することになる。ただし飛び級で上がって来る若い選手の扱いは、受け入れるクラブごとで異なる。もちろんトップチームでのトレーニングは大きな刺激にはなるが、この年代の選手たちには自分のレベルに適した実戦こそが最大の栄養になる。

もし欧州なら、18歳の白崎はプロのBチーム等に籍を移していたはずだ。自分の能力に適したチームで、そのまま順調に成長を続け、そういう無駄のないプロセスが実現できればJ1の主力になるのも早まり、必然的に到達地点も高まっていたかもしれない。だが結局白崎にとって高校3年時は、自分の才能を持て余す時間になってしまった。

白崎を一言で表すなら「狡猾」だ。狡賢くて決して尻尾は見せない。ただし私はそれもサッカーには必要な要素だと思っている。彼は高校時代から、試合の詳細を正確に記憶していた。終わったばかりの試合を振り返りながら話すと「あの時は、アイツがこう動いたから、こういう選択をした」と、必ず明快な答えが返って来た。さらに1度話し始めると、戦術的なことも含めてどんどん深堀りをして来た。「尻尾をつかませない」ということは、周りが良く見えていて状況を把握し周到な危機管理ができているということだ。

白崎の場合は、それがピッチの上でも同じだった。他の選手たちとは見えているものが違っていて、だからこそゲームを読む力が卓越していた。私は彼にせっかくの長所を失わないためにも自由にやらせる裁量を与えながら、同時にチームのために絶対にやらなければならないことを身につけさせようと努めてきた。それが守備の意識と献身性だったが、今のプレーぶりを見ていると、そこはしっかりと評価されているのかな、と安堵している。

白崎には、チームとして日本一を目指すが、それ以上に彼には「その先もある」ことを強調して来た。

しかし多感で揺れ動く時期である。眉を剃ってみたりしたこともあり、私は早速呼びつけて諭した。

「おまえがただのサッカーの上手い兄ちゃんで終わるつもりなら、オレは何も言わない。だけどもっと凄い選手を目指すなら、そんなことしていていいのか」

「この先どのくらいの選手になるかは、自分次第なんだぞ」

白崎の世代以降は、入学して来てから一貫して選手権が終点ではないこと、さらには何事も自分の責任であると捉える習慣づけを働きかけ続けた。まだ私が着任して1年目の選手権優勝メンバーは、試合中にレフェリーを取り囲むなど、どうしてもエネルギーが他責に向かいがちだった。残念ながら優勝メンバーとは付き合う時間が短かった。逆にそれ以降の選手たちは、チームとし

白崎とは戦術的な話も含めて大人のサッカーの話ができた

て結果は出せなくても、白崎のように直接プロへ進んだり、大学経由でプロ契約を果たしたり、大学4年間を頑張り抜くなど、高校を卒業してからもサッカーに全力で打ち込む選手が増えて来た。

白崎とは、高校時代から大人のサッカーの話ができた。そして会話を楽しめるのは、今でも変わらない。私がアルビレックス新潟シンガポールの監督をしていた時に、日本からの電話を受けたことがある。私は現地でゲームモデルの作成に取り組んでいる時で、まだ広まり始めたばかりの5レーン理論の話になった。まだ彼は聞いたことがない理論だったので説明をしていくと、ハーフスペースを指して「なるほど…、確かにここに出て行けばプレッシャーがかかりにくいですね」などとテンポ良く会話が進み、こちらが考えていることも引き出すのが非常に上手い。因みに、今でも私のことを「監督」と呼ぶのは、彼一人だけだ。

「監督、また一緒にやりましょう」

いつも会話は、そんな感じで終わる。

白崎は誰とでもフランクに話せるし、後輩の面倒見も良い。プロとして成熟している姿を、とても頼もしく見ている。

後にプロに進んだＣＢコンビ

白崎が卒業していくと、入れ替わりにＦＣ東京Ｕ‐15むさしの後輩に当たる渡辺剛らが入学して来た。白崎も高校に入ってから一気に身長が伸びたが、渡辺もまだ小さくてボランチで甲高い声を挙げながら元気良くプレーしていた。ＦＣ東京Ｕ‐15むさし時代の監督だった山口隆文氏が「アイツがいると、練習が盛り上がるんだよ」と目を細めていたのを思い出す。ただし身長は小さくても、その頃から空中戦のタイミングを取るのが上手くてヘディングは強かった。良いものを持っていると思ったので、早い段階から最終ラインに組み込むことにした。またこの代では、最終的に渡辺とセンターバック（ＣＢ）でコンビを組むことになる大野佑哉（現・松本山雅）も阪南大学を経てプロに進んでいる。

2人とも潜在能力は高かったが、まだ精神的にムラがあった。高校時代の渡辺は、良くも悪くも我がままで、プロとしてFC東京で見せているような献身性は未開発だった。ただし遅咲きだと思っていたので、ミスや精神的な不安定さには相当目をつむるようにした。また大野も、私が選手権の抽選会でチームを離れた際の紅白戦で、不貞腐れて途中で帰ってしまったことがある。キャプテンと話し合い、みんなに謝罪をして、ようやく選手権のメンバーに入れることになった。やはり少しでも上手くいかないと精神的に不安定になり、プレーにも影響が出てしまうことが少なくなかった。

彼らが最上級生になると個性的な選手たちが育ち、ベンチにもジョーカーになり得る存在がいて、まとまりのある面白いチームができ上がった。特に小川雄大はテクニカルで創造性を備え、卒業後にFC岐阜と契約し現在はカンボジアで活躍している。

この年（2014年度）は、夏のインターハイ、冬の選手権ともに、山梨県予選を勝ち抜き全国の舞台へ進んだ。だが地元山梨で行われたインターハイでは、初戦のアディショナルタイムで渡辺が不用意なファウルをして2枚目の警告を受けてしまう。簡単な試合ではなかったが、物凄く拮抗していたわけでもなかった。しかも次に優勝候補の東福岡戦が控え、大会の大きな山場になることは判っていた。警告を受けた時間帯も含めて、私は「軽率だったな」という話をした。

結局渡辺を欠くチームは、２回戦で０－１と惜敗をした。

いずれにしても、このチームはＣＢの渡辺、大野のコンビが、安定して頑張れるかどうかが肝だった。冬の全国高校選手権では、３回戦で前橋育英と顔を合わせ１－１からＰＫ戦の末に敗れている。しかしこの前橋育英からはスタメンの過半数以上の選手たちが後にプロへ進んでいたから、改めて秘めた可能性は高かったのだと思う。

まだ渡辺には、２０２０年度のルヴァンカップ決勝で肩を痛めても頑張り抜いたように、苦境に献身性やキャプテンシーを発揮できるような精神的な強さはなく、むしろ調子が悪いと俯いてしまうタイプだった。もちろん私に、彼の能力をグッと引き出す力が足りていなかったとも感じているが、逆にプロになるための中央大学で過ごした４年間という準備期間が必要だったのかもしれない。いずれにしても高校時代の一つ一つの出来事が将来の糧になったと思えば、プロ入り後の著しい成長ぶりをとても喜ばしく見ている。

しっかりと反省し、人間的に成長した前田大然

実は本来なら、このチームには前田大然が加わっていた可能性もあった。中学時代に初めて前田を見た時は、それほど足が速いという印象を受けなかった。だが高校に入学して１年生の途中

から駿足が目につくようになり、周囲からも「あのスピードは違うね」と見られるようになった。それからはトップチームに、少しずつ関わるようになっていた。

ところがそんな矢先に事件が起こった。前田が寮で同級生を苛めたという問題が浮上するのだった。後から調べてみると、被害者だと指摘された生徒とは日常的に仲が良かった。だが彼がいじられやすいキャラクターだったこともあり、周りが盛り上げて前田の〝いじり〟がエスカレートしてしまったようだった。

寮での出来事には、細心の注意を払って来たつもりだった。しかしたとえ24時間一緒に生活をしていても、私の目が届かない死角は必ず残る。やってはいけないことを、いくら根気良く説いても、全員の耳に届くとは限らない。代々引き継がれて来てしまった悪い風習を、短期間で根絶するのは難しかった。

最初に危惧していた事態が起こったのは山梨学院へ来て4年目のことで、私が寮を出て外に住むようになってからだった。1年生部員が3年生に着衣のまま風呂に放り込まれ、熱湯をかけられた。その夜当事者から苛められたという訴えがあり、被害を受けた生徒はまたやられると思って逃げ、翌日学校を休んで医師に看てもらい診断書を提出した。この一件はメディアにも伝わり「熱湯をかけられ火傷」と報じられた。

サッカー部は活動中止となり、夏のインターハイ予選は出場を辞退。プリンスリーグでもペナルティとして勝ち点剥奪の処分を受け、活動を再開できたのは9月だった。

実はこの年は活動自粛がなければ、大きな可能性に満ちたチームができ上がっていたかもしれない。山口一真（現・松本山雅）や毛利駿也（現・湘南ベルマーレ）が最上級生で、２年生も渡辺剛ら多士済々だった。我が強く個性的だが、まとまる力のある選手たちが揃っていて、私は彼らに力を発揮させられなかったことを今でも申し訳なく思っている。

苛めが発覚すると、メディアにも叩かれた。だが私には、監視体制を強化することが最良の改善策だとは思えなかった。苛めは子供の世界特有のものではなく、大人の社会でも頻出している。むしろ苛めは起こり得ると考え、もし起こっても自浄作用が働くようなグループにしなければ本質的な改善には向かわないと考えた。

私は全部員を連れて合宿へ出かけ、学年の壁を取っ払ってランダムなグループを作り、その中でリーダーを決めて清掃などの共同作業に取り組んでもらった。大所帯のサッカー部では、いつも一緒に生活をしているようで、なかなかお互いを知る機会や時間が確保されていなかった。学年ごとに仲の良いグループが構築され、やがて固定されていくわけだが、どうしても周囲とうまく人間関係を構築できないタイプもいる。そういう生徒が下級生に存在すると、苛めの標的にされてしまいがちだった。

私は発覚した事件は、氷山の一角に過ぎないと推測していた。だから加害者が罰を受けるだけでは、根本的な解決には向かわないと思った。部活に上意下達がある以上、いつでも同様の事件が再発する可能性がある。もし日常的に上級生が下級生を殴るようなことが行われていれば、殴った側を叱りつけたところで、次は監督の見ていないところで巧妙にやるようになるだけだ。

私は指導者や上級生の厳しい管理で保たれる規律は本物ではないと思っていた。だからサッカー部そのものを、自浄作用が働く組織に変えていくことが肝心だと考えた。仲間が困っていたり悩んでいたりしたら、近くにいる誰かが気づいて相談に乗ってあげられる。学年に関係なくみんなが少しずつ人としての気配りができるようになれば、信頼関係が深まり改善に向かう確率が高まるのではないかと考えたのだった。

多かれ少なかれ部活には、上意下達の伝統が根づいている。しかし反面、狭い世界で一方的に命令ばかりされて大嫌いだった先輩が、卒業をしてからつきあってみたら一番気心が知れる関係になったなどというケースは、社会に溢れている。私が採った方法では、即効性は見込めないかもしれない。しかし私は、グループ内の緊張関係を緩和すれば、いがみ合いも減っていくことを示し、選手たちにはそれを社会に出て難題に直面した時のヒントにして欲しいと思った。

ところがこの時の苛め問題が、ようやく沈静化しかけた時に、前田大然の一件が明るみになった。関係者や保護者の間では「またか！」という思いが強く、再発だけに学校側も強硬な姿勢を貫いた。大然はサッカー部を除籍になり、寮からも出ていくことになった。私は直接関わることができなくなり、大然はサッカー部がトレーニングをするピッチ内に入ることさえ叶わなくなった。実家が大阪だったので転校を勧める声が多かったが、保護者が責任を持って面倒を見るという条件で本人はアパートに越して山梨学院に残った。いつかは戻れるかもしれない、という淡い希望があったのかもしれない。

結局大然が十分に反省したと認められ、サッカー部への復帰が許されたのは約1年後のことで、２０１４年度の全国高校選手権を終えてからだった。最後のわずかな期間だけは社会人チームの練習に参加させてもらったが、ほとんどボールを蹴る機会がなく、選手としては完全なブランクに近かった。

大然が復帰すると比較的早い段階からプリンスリーグで起用したが、暫くはボールが足につかず苦しんだ。それから1年間、私は大然に「高校を卒業したらプロを目指せ」と言い続けた。本人は大学進学を考えていたかもしれない。しかし私は敢えて「絶対にプロになれる」と強調した。十分にポテンシャル（潜在能力）はあると思ったし、それを引き出すには自分の能力を信じて全てのエネルギーをサッカーに注ぎ込む必要があると思ったからだ。それにしっかりと目標を持たせてサッカーに集中させれば、横道に逸れてしまうこともない。

後から振り返れば、サッカー部を離れていた時期は、彼が様々なことを考え理解するには貴重な時間だったのかもしれない。私がフォローできなかった時は、担任でホッケー部顧問の飯田裕

サッカーを離れた時期にしっかりと反省し、献身的に頑張れる選手へと成長した前田大然

一郎先生やサッカー部の他のコーチなど周囲の方々のサポートを受け、人間関係の在り方などを深く考えたはずだ。この期間で自分がやってしまったことの重大さを理解し、しっかりと反省して戻って来たことで、彼は明らかに献身的に頑張れる選手になった。チームのために、他人のために、とことん努力できる人間になったのだと思う。こうして3年時の関東プリンスリーグでは12ゴールを決めて得点王になった。

現在の大然は、攻撃時はもちろん、守備のためにも人一倍スプリントを繰り返している。人はここまで変われるということを証明している素晴らしい例だと思う。

選手の可能性を決めつけすぎない

長年育成に携わって来て、どんな選手がどのタイミングでどう成長していくのかは、本当に判らないものだ。だから指導者は、選手の可能性を決めつけず、できるだけその幅を広げて考えながら接していく必要がある。一方で個々の選手たちがどう伸びていくのか、その見極めの精度を高めていくには、関わって来た選手たちの追跡も丹念に続けていくことが大切だ。顧みれば「もう少しこうしてあげていれば…」と反省することの方が多い。しかし同時に、彼らの辿った足跡から学べることも少なくない。

指導現場では、成功も失敗も次の機会への良薬になる。やはり指導者は、自分が関わった高校や中学の3年間だけでお互いの関係に終止符を打つのではなく、次のステージでどう変わっていったのかをフォローし検証していくべきだと思う。

今でも私は関わって来た選手たちとは極力SNS等で繋がるようにして、最低誕生日の挨拶程度はするように心がけている。これは職業柄というより性分だが、せっかく出会えた選手たちのことは、彼らが現役を退いてからも応援していきたい。また実はそれも指導者の根幹を成す資質なのではないか、とも感じている。

選手の将来性を見極める上で、まず普遍の価値を持つのが技術だ。ボールをしっかり扱える子は、若年代で多少持ち過ぎの傾向があっても良い方向に変わっていく可能性がある。次によく周りを見ながら考えてプレーできる子は、やがて創造性で違いを発揮するようになる可能性が高いと思う。

その上で何より選手を伸ばすのは、個々の能力に即した有効な実戦経験だと思う。依然として日本では、強豪高校や強いチームの一員になることを希望する傾向が強い。しかし世界の大半の国々の選手たちは、強いチームの一員になるより、自分が試合に出られるチームを選んでいる。同じ強豪高校のサッカー部員でも、Aチームのサブにいるよりは、Bチームで公式戦を重ねた方が伸びる場合もある。小中学年代なら、昔は各町のクラブに必ずお山の大将のような存在がいた。お山の大将が面白いのは、自分がエースだと自覚し、チームの難局を切り拓くために様々な工夫をして攻守に人一倍頑張るところだった。

だが最近は全体がレベルアップしたこともあり、そういう絶対的な存在が目立ちにくくなっている。本来トレセン制度ができたのは、所属するチームが弱くても能力の高い隠れた素材を発掘するためだった。ところがトレセン制度も、あまりに若年代から権威化されてしまうと、逆に選手層を狭めてしまう危険性を孕んでいる。私もナショナルトレセンに関わらせて頂いたが、熱心な親御さんの間では小学高学年になるとトレセンに合格したかどうかが大きな話題になっていた。

トレセンに合格した子と不合格だった子の間に決定的な差はない。そもそも選ぶ側の視点によって入れ替わるし、もし多少の差があったとしても、それはその後の進路や指導者との出会い等で簡単に逆転してしまう。もちろんトレセンに落とされ、発奮して余計に頑張る子もいるかもしれない。だが小学生年代では当事者にとってトレセンの合否が絶対的な基準と捉えられがちで、自分（ウチの子）はサッカーに向いていないのか、と落胆し、場合によっては別の競技に興味が映ってしまうこともある。こうした背景を考えると、あまりに早い時期に子供たちに対して迂闊な判断はするべきではないとも考える。

私も現場に立ち続けて、実際に選手を見極める判断基準は揺れ動いてきた。最初は判りやすく身体に恵まれた優秀な子に目が引き付けられる。だが暫くしてそういうタイプの選手が頭打ちになると「早熟だったのか…」と反省し、逆に今度は身体が小さい子に注目するようになった。こうして何度かの失敗を繰り返しながら、徐々にバランスの良い判断ができるようになって来たように思う。

高校選手権の在り方

山梨学院で指導をしていた頃は、タイトル獲得（選手権）と育成の両方の成果を追求して来た。また両立は十分に可能だと思っていた。だが現実には難しかったと言わざるを得ない。この年代で安定感を引き出して勝たせることも、もうワンランク伸ばし切ることもできなかった。

高校選手権の在り方が、時代にそぐわなくなっていることは確かだと思う。日本では選手権の人気が沸騰し過ぎたこともあり、1年生から注目された選手が同じ高校で3年間もプレーするのが当然のように受け止められてきた。高校年代のゴール（最大の目標）が選手権制覇だと受け止められる時代が長く続いたので、周囲からも入学して3年間はそのために全力を注入するのが美徳と見られがちだ。また一部の指導者の側にも「3年間で仕上げる」という選手権志向の発想が残っていると思う。下級生の間は下積みをさせて、最上級生になってから開花させれば良いという考え方だ。

こうした環境下にあるせいか、高体連では最上級生になりレギュラーに近づいて来た選手たちと、それ以外の選手たちの実戦経験の落差が激し過ぎる。プレミアリーグやプリンスリーグなどが創設され、リーグ戦の文化を定着させようという試みが浸透してきたのは喜ばしいことだ。しかしせっかくリーグ戦が導入されても、旧来のノックアウト方式の大会は残されたままなので、選手たちは勝ち進むほどスケジュールが過密になり主力級ばかりが疲弊していくことになる。

そしてその最たるものが、夏のインターハイである。私が初出場した時には、日中の沖縄で3連戦を行ない、勝ち進めば中1日でさらに3連戦というスケジュールが組まれていた。東京五輪のサッカーは、ほぼナイターで中2日のスケジュールだったが、選手たちからは無謀だと苦情が出た。また五輪はコロナ禍を考慮し登録人数を従来の18人から22人に増やしたが、インターハイはそれ以上に過酷な日程にもかかわらず、予算の関係等で増やすことができていない。

一方で山梨県予選では、力の差が大きい学校との対戦が年に何度も繰り返された。もちろんこうした試合では経験の少ない選手たちを起用すれば良いのだが、やはりサッカーは意外性の高い競技である。負けたら終わってしまう勝ち抜き戦で、あまり大胆な実験に踏み切るのは難しい。

高校年代の選手にとって上手くなるには実戦の機会がなによりも大事

私たちは何度も途中までシード方式の導入を訴えて来たが「あくまで平等」を原則とする山梨県の高体連サッカー専門部は歩み寄ってくれなかった。

さらに山梨学院のプリンスリーグと天皇杯（全日本選手権）の日程が重なったこともあった。プリンスリーグには昇降格がかかっている。しかし天皇杯も山梨県の代表として出場する以上恥ずかしい試合をするわけにはいかなかった。この時も天皇杯を主催するＪＦＡ

にも、関東プリンスリーグの事務局にも、日程調整をお願いしたのだが「ずらせないという前提でやってもらっている」と受け入れてもらえなかった。結局山梨学院は、選手たちをほぼ二分し、同じくらいの力の2チームで試合に臨むことにした。プリンスリーグでは、やや2年生を多めに起用して川崎フロンターレユースに1－5の完敗。天皇杯は明治大学に0－2で敗れた。結局それを最後に2種登録チームは、天皇杯に出場できないことになった。

だが天皇杯は、どんなチームでもチャレンジできる無差別の勝ち抜き戦である。若年層のチームがトップの実力を早く体感できる道筋は残して置いて欲しかった。過去にはJリーグ王者の横浜マリノスに、高校王者の市立船橋が延長まで戦い抜きPK戦に持ち込んだこともある。夢のあるチャレンジを削ってしまうより、他に整理するべきことがあるはずだと思う。

依然として高体連に所属するチームの最大の目標は、冬の全国高校選手権である。多くのメディアが取り上げるイベントで、都道府県予選から盛り上がるのだが、せっかく激戦を勝ち抜き万全の準備をして本大会に臨むのに、多くのチームが負けて1試合のみで帰っていく。しかし育成年代の大会のテーマは、有意義な公式戦を積み重ねることだ。どうしても国民性なのか「負けたら終わり」の刹那性が愛されているのかもしれないが、せっかくのビッグイベントなら大会形式も時代に即して改善するべきだと思う。全てをノックアウト方式にするのではなく、グループリーグを導入すれば、力のあるチームが勝ちあがる確率が高まる。その方が選手たちも良質な経験を積めるし、目の肥えたファンも喜ぶはずだ。あるいはそろそろ高校だけではなく、クラブユースも参加させて18歳以下のカップ戦にするなど検討の余地は十分にあると思う。

ＪＦＡが実力の拮抗したチームを集めてリーグ戦を導入し、年間を通しての試合環境を整えてくれたのはありがたいことだった。選手個々はもちろんチームも、試合を重ね修正していくことで最も成長していくことができる。しかしせっかくリーグを整備したなら、旧来のノックアウト方式の大会でスケジュールの隙間を埋め尽くす必要はないと思う。

時代のニーズに合わせた変化が必要

２０２０年はコロナ禍に見舞われ、多くの活動が制限された。夏のインターハイを初め多くの大会が中止に追い込まれ、トレセンの活動もほとんど行われなかった。全国規模の大会がなくなったことで、必然的に交流も地域ごとに限定される傾向が強まり、図らずも世界基準に近づいた。

ではそれでどんな影響が出たのか。こんな時だからこそしっかり検証しておくべきだと思う。中止になったことで、選手たちの成長にどんな影響が出たのか。あるいは大会が中止になり休みができたことで身体が大きくなった等のデータも集まっていたかもしれない。もし中止になってもマイナスの影響が見られず、むしろ好ましい状況を生み出したものがあるなら廃止を検討しても良い。コロナを克服できた時に全てを元通りにするのではなく、カレンダーを整理する好機と捉え、しっかりと見直して取捨選択を図るべきだと思う。

プロができて、選手たちは既にJリーグの先を見据えるようになった。最近はワールドカップを飛び越して、欧州チャンピオンズリーグ制覇を夢に掲げる選手も出てきている。本来指導者の役割は、選手たちが描く目標の実現を後押しすることで、指導者が目標を押しつけてはいけない。そう考えれば16〜17歳という貴重な成長期を、下積みで終わらせて良いわけがない。子供たちの見る夢と実状が乖離しているなら、私たちは環境の方を近づけていく努力をするべきではないだろうか。

もちろん選手権で勝つことや、そこに導く力量が素晴らしいことは否定しない。だがそれと同じように、指導した選手たちが高校を卒業した後どう成長していったか、について、もっと語られていくべきだと思う。育成年代はチームの結果が全てではない。チームとして結果が出ていなくても「どんな選手がどれだけ育っていったか」に焦点を当てることで、強豪チームばかりに希望者が膨れ上がる傾向にも、少しは変化の兆しが見えてくるのかもしれない。

最近では強豪高校が中学から一貫指導に取り組むケースが浸透してきた。確かに育成で大切な13〜18歳までで、3年間ごとに指導方針が変われば選手たちは戸惑うだろう。しかし一方で、この年代の選手たちに寄り添っていくと、驚くほど目まぐるしい変化を遂げていくことが判る。例えばJクラブのジュニアユースに所属する選手が、中学3年生の時に不調に陥りユース昇格を逃しても、16歳で一気に伸びるケースもよく見かける。また1年生から所属高校のレギュラーを掴んだり、2年生で既に突出していたりする選手が、さらに同じカテゴリーでプレーし続けるのはナンセンスだ。海外なら16〜17歳で高校というハードルを越えてしまった選手は、18歳のシーズンは次のハードルに挑む。こうして20歳になる頃には、トップリーグにデビューしていく。

前述したが、私が山梨学院で指導をして来た中では、白崎凌兵のケースが該当する。彼は2年生の時点で、高校生同士のプレーでは物足りない水準に達していた。しかし3年時も引き続き高体連の枠の中でプレーするしか選択肢がなかった。現実的には3年時は故障をしてしまったわけだが、せっかく伸びつつある芽にブレーキがかかってしまったと思う。

反面いくら18歳でスーパーな選手でも、いきなりJリーグ王者の川崎フロンターレで試合に出るのは難しい。ところが欧州のようにプロのクラブがセカンドチームを持って活動する試みも進まなかった。一時は大阪の2チームとFC東京がU-23チームをJ3に参戦させたが、全て撤退してしまった。最近はJ1クラブを中心に、下部リーグのクラブに若い選手を貸し出して武者修行させるケースが目立ってきたが、反面J3以下で若い選手を積極起用しているかと言えばそうでもない。J2もJ3も、まるでJ1のクラブが優勝を狙うように、昇格だけを目指して戦っているクラブが目立つ。だがベテランを揃えて昇格を果たしても、その先に上のリーグで戦うヴィジョンはできているのだろうか。

日本のカテゴリー分けは独特で、欧州のように上から順番通りとは言い切れない。22歳以下の選手たちで構成される大学の強豪チームは、プロで2番目のリーグという位置づけのJ2のクラブと比べても、互角以上の戦力を擁している。それならJ3はプレミア（イングランド）の育成リーグのように、21歳以下に改定するなど抜本的な変革があっても良いかもしれない。

さすがに最近は時代のニーズに合わせるかのように、選手の移動の事情も変化してきている。例えば法政大学では上田綺世が卒業を待たずにサッカー部を辞めて、鹿島アントラーズと契約をした。強豪の大学サッカー部に入って来る選手たちは、大半がスポーツ推薦を利用している。つまり出身高校と大学との関係もあるので、簡単なことではなかったはずだ。それでも大学体育会の関係者の方々が、選手の未来を最優先に考えて快くプロへ送り出した。エースストライカーを欠いた法政大学は、そのために大学チャンピオンを逃すことになったかもしれないが、個人的には素晴らしい決断だったと思う。あるいは青森山田高校が1年生からレギュラーで全国選手権決勝の舞台を踏んだ松木玖生（FC東京内定）をフランスへ送りトレーニングに参加させていたが、こうした試みも時代を切り拓く英断だと思う。

もちろんプロクラブの考え方も確実に変化してきている。欧州や南米を見れば、ビッグクラブが若い選手を獲得すると即座にレンタル移籍させるのは当然の流れになっている。レアル・マドリードは、久保建英を獲得すると、そのまま複数のクラブに貸し出しを繰り返している。オランダのフローニンヘンでレギュラーとして活躍してきた板倉滉も、直接契約を交わしたのはマンチェスター・シティ（イングランド）だし、堂安律も20～21年シーズンはＰＳＶ（オランダ）からビーレフェルト（ドイツ）へと貸し出されてブンデスリーガで活躍した。

一方Ｊリーグでは、欧州などに比べると選手を貸し出すことには慎重だった。まず獲得した選手たちには、自分のクラブの哲学、規律などを理解してもらい、それから他クラブで実戦を積んでもらうという方針を採ることが多かった。だがこの「研修生」のような立場で過ごす1年間は、限られた現役生活の実働時間を減らしてしまう。所属クラブの哲学を知り、愛着を持ってもらうことも大切だが、逆に他人の釜の飯を食いながら経験を積むことで人間的に成長する部分も少なくない。

試合をしなければうまくならない

18歳で確信を持ってプロに送り込める選手は、それほど多くはない。しかしあと2年間かければプロで通用すると思える選手も少なくない。ところが現状では18歳でプロへ進む自信を持てない選手たちは、ことごとく大学進学を選択している。

高校で突出していた選手なら、大学へ進学しても出場機会を確保できる可能性が高い。逆にプロへ進むと公式戦の数が激減してしまい、進むチームによってはトレーニングも不十分で停滞してしまうリスクが高い。18歳の時点でプロ予備軍の能力を示している選手たちが、慎重な決断を選択せざるを得ない要因になっている。

高体連のチームが大量の選手を抱え、選手権になるとピッチに立つ選手の数を、スタンドから応援する選手の数がはるかに凌駕するのは大きな問題だ。しかし18~20歳のエリートたちの実戦確保も、同等以上に重要なテーマだと思う。私が清水エスパルスのサテライトチームの監督だった時も、クラブは高卒選手を中心に補強をしたので18歳のルーキーが目白押しだった。私が最も重視したのは、彼らに必ず実戦の機会を確保させることだった。特別にスケジュールが過密になっている場合を除き、極力毎週のように社会人や大学の強豪チームと90分間の試合を組んでもらい、ゲームとトレーニングを繰り返すことで18歳の選手たちは飛躍的に伸びて行った。それは今でも強烈な印象として残っている。

シーズン途中からは、青山直晃や枝村匠馬がトップチームで試合に出るようになり、遅れて頭角を表してきた岡崎慎司も天皇杯決勝ではスタメンに入った。ベテラン中心だったチームの切り替えが非常にスムーズに運んだシーズンだった。

参考になったのは、ジェフ千葉時代のイビツァ・オシム監督の指導だった。私はS級指導者ライセンスを取得する際に、ジェフで研修をさせて頂いた。オシム監督は、毎週対戦相手には2試合をリクエストして、全員がトータルで90分間プレーするように考えて起用していた。

「試合をしなければ絶対に上手くならない。いろんな相手と試合をすれば、必ず学べることがある」

今でも私は、オシム監督から聞いた言葉を大切に胸に刻んでいる。

現在も多くの大卒選手がJリーグで活躍しているが、卒業して即戦力として活躍できるような選手にとって大学でプレーする4年間は長過ぎる。プロのスタートが22歳なのか、20歳なのかで、その後の未来の展望は大きく変わってくる可能性がある。

だが残念ながら、こうして欧州や南米では当たり前のシステムを日本で構築していくには、まだまだ膨大な時間を要してしまうのかもしれない。

3
3

第５章

シンガポールでの挑戦

プロサッカーチームとして正しい姿とは

私は前田大然らの世代を見送ると山梨学院の監督を退き、ヴァンフォーレ甲府のコーチとして1年契約を結んだ。

山梨県の方々は、サッカーに熱い。かつて韮崎高校が全国で大活躍してきた歴史があり、ヴァンフォーレ甲府もその熱を引き継ぐ形で小瀬スポーツ公園陸上競技場に多くのファンを集めて来た。だが地方の小さなクラブが、J1で十分な戦力を確保し続けるのは難しい。私がコーチを務めたシーズンも苦戦続きだった。2016年は2ステージ制で開催され、ファーストステージ終盤からはJ2への降格圏に沈み、クラブは守備を固めてカウンターを狙うサッカーに終始することになる。

それでも最終節はホームでサガン鳥栖と対戦し0－1で敗れながら辛うじてJ1への残留を果たし、その中で歓喜の輪に加わる自分がいた。もちろんJ1残留という目標を達成した選手たちの努力を思えば、私にとっても喜ばしい出来事だった。だがこれがプロとして正しい姿なのか、と言えば疑問符がついた。

ヴァンフォーレ甲府は、かつて私が在籍したアビスパ福岡と比べても小規模なクラブで、社員の方々は一人で何役もこなすほど勤勉で様々な工夫を凝らして仕事に取り組まれていた。山梨県の人口は約80万人。しかも若い人が流出していく傾向にあり、必然的に観客の年齢層も高めになる。甲府駅からスタジアムまではバスが出ているが、それ以外に公共交通機関のアクセス方法はなく、足を運んで頂くためのハードルは決して低くはなかった。この年までクラブが４年連続してＪ１に残留し、安定的に観客動員ができていたのは紛れもなく裏方の努力の賜物だったと思う。しかしそれだけに個人的にピッチ上のパフォーマンスについては、これが正解なのか、という疑問がまとわりついた。

本来プロサッカーはエンターテイメントで、かつてヴァンフォーレ甲府を指揮して独特の攻撃的スタイルで初のＪ１昇格を遂げた大木武氏も、そう強調していた。しかしこのシーズンの甲府は、Ｊ１に残留することに固執するあまり、ファンを楽しませるプレーを披露しているとは言い難かった。一貫して受け身のサッカーで「攻撃はどうするの？」という状況が続いた。これでアカデミーの選手たちは、彼らの将来像をイメージできるのか？　プロクラブとしての価値を示し、地域に文化を根づかせることができるのか？　そう考えると懐疑的にならざるを得なかった。

率直に私は忸怩たる想いを抱えたままシーズンを終えた。心の底では、もっと勝ち負け以上に、また見に来たいと思ってもらえるサッカーを実現したいという願望が渦巻いていた。しかしあくまで私の立場はコーチで、監督が描くサッカーをサポートしていくしかなかった。

「いったい自分は何がやりたいのか？」

何度も自問自答をした。そしてやりたいサッカーを実現するなら、自分で監督をやるしかないな、という結論に到達するのだった。

やりたいサッカーの実現に向けて

私は前田大然が在籍した山梨学院での最終年当時から、ゲームモデルを描き始めていた。サッカーには「攻撃」「守備」「攻撃から守備への切り替え」「守備から攻撃への切り替え」と4つの局面がある。どうしてもトレーニングをしていくのに、4つの局面を切り離して考えるのは無理だし、切り離すと逆にやりにくくなるという結論に到達していた。

それまでの私は、非常に属人的なチーム作りをしてきたと思う。例えばチームに所属する選手たちを見て、Aという得点源がいるなら彼の特徴を頻繁に引き出せる形を再現することで、勝利への確率を高めようと考えて来た。もちろんチームにいる選手たちを見極めて、どんなサッカーを目指すのか決める作業は今でも続けている。しかし全体でどういう局面でどんなプレーを優先させるかというゲームモデルを作れば、さらにみんながやるべきことに迷いなく取り組めると思った。

プレーの集団原則を具体的に提示し、チームでの目指す道筋が明確になれば、自ずと局面ごとに何を優先するべきかの判断基準もはっきりとしてくる。キャッチフレーズとして使っていたのは「Total Football（トータル・フットボール）」だった。

全員でボールを運び、相手を自陣に押し込む。私が最も参考にしたペップ・グアルディオラが率いるバイエルン（ドイツ）やマンチェスター・シティなら、そのまま圧倒的にボールを保持して華麗な崩しを連発しただろう。しかし私が抱えているのは、高校生やシンガポールリーグでプレーする選手たちだった。華麗に崩し切るのは現実的ではない。むしろ綺麗に崩し切れずに奪われることも厭わず、とにかくボールを入れて相手を押し下げる。たとえそこでボールを奪われても、逆にその瞬間が（再奪取して攻め込む）チャンスなんだ、ということを強調し続けた。

高い位置からのプレッシングを実現するには、まずそこまで全員でボールを運べなければならない。

さらに相手にプレッシャーをかけようとすれば、そこに人が立っている必要がある。突き詰めていけば、このサッカーを成立させるには①まずゴールを目指す②ボールを運んだら全体をコンパクトに保ち、攻撃側は全員がハーフウェイラインを超える③そこで奪われたら速い切り替えを意識する、という流れを、全員が共有しながらプレーしていくしかなかった。

結局同じ場所、同じ状況でボールを受けても、その後の表現で違いを出せるなら、それが個人の価値になる。もし原則を共有し、その中で個性を連鎖していけば、チームとしての違いを生み出していける。私は山梨学院の最終年に、そんなことを考え始めていた。

しかしコーチの仕事では、どうしても自分の描くゲームモデルを追求していくことはできない。それなら自分で監督をやるしかないな、という結論になった。

ちょうどヴァンフォーレ甲府との契約が満了した日のことだった。日本サッカー指導者協会（JFCA）のホームページを開くと、アルビレックス新潟シンガポールによる監督の公募が目に留まった。

それまでアルビレックス新潟シンガポールの監督は、代々本体のアルビレックス関係の方が務めて来た。公募はクラブとして初めての試みだったという。「これ、面白いな…」と思った私は、もともとSNSで繋がりのあった社長の是永大輔氏宛てに履歴書を送った。

すぐに「実は今、一人候補者がいて会うことになっています。もし彼との交渉が不調に終わったら、会いましょう」と返答が来た。

結局暫くして是永社長は甲府市まで足を運んでくれて2時間ほど話し込み、帰りがけには「一緒にやりませんか?」とご提案を頂くことになる。実はあるJクラブが私をヘッドコーチ候補として検討頂いている状態だったことと家族の了解を得るのに少し時間はかかったが、最終的には是永社長に「ぜひやらせてください」と快諾し、私はシンガポールに旅立つのだった。

未知の国での冒険

本音を言えば、日本で監督をできるチャンスが掴めるなら、それに超したことはなかった。シンガポールは1度も訪れたことのない国で、私にとって大きな冒険だった。どんな荷作りをして良いのかも見当がつかず、右も左も判らない未知の国へ出かけていくのである。現地に到着してみれば、当然ながら文化、食事、気候、考え方など全てが日本とは異なり、プロリーグでも突然の日程変更は日常茶飯事だった。

しかもそんな異国の地で、私の前任者だった鳴尾直軌監督は、初めてシンガポールリーグを制し、シンガポールカップとリーグカップにも優勝。コミュニティ・シールド（リーグ王者とカップ王者が対戦する）にも勝利して前例がなかった同国の全タイトル（四冠）制覇を達成していた。鳴尾監督が完璧な成績を出した上に、大半の選手が入れ替わり、私はほとんどゼロからのスタートを強いられた。おそらく公募の背景には、誰も引き受けたくない事情もあったことは推察できた。

アルビレックス新潟シンガポールは、海外で活動する初めての日本人プロスポーツチームだった。シンガポールが自国のリーグを強化するために、日本、韓国、マレーシアなど周辺国に参加を呼びかけたことが引き金となり誕生した。過去に参戦経験のある韓国やマレーシアのクラブは撤退したが、私が監督を務めていた2シーズンの間は日本以外にも「ブルネイＤＰＭＭ」というクラブが加盟していた。シンガポールは小さな国で人口も570万人程度なので、北海道や私が生まれ育った福岡県とあまり変わらず、香港よりも少ない。狭い国内だけで競い合っていても、強化には限界があると考えたのだろう。

こうしてアルビレックス新潟シンガポールは、2004年からシンガポールプレミアリーグに参戦した。2011年に初めてリーグカップを制し、前述の通り2016年には四冠を手中にした。当初は赤字続きだったが、2008年に是永大輔氏が社長に就任すると、やがて独立採算制に踏み切り2011年9月にはカジノを併設したクラブハウスをオープン。サッカーやチアダンスなどのスクールも開始し、多角的な事業に取り組んで黒字に転じた。

最近のシンガポール代表は、日本代表に善戦を繰り返して来た。2004年のドイツワールドカップ予選では、ジーコ監督時代の日本代表に食い下がり1－2と最後まで苦しめている。また2015年のロシアワールドカップ予選でも、アウェイ戦ながらヴァイッド・ハリルホジッチ監督率いる日本代表の猛攻を凌ぎ、0－0で引き分けていた。

しかしJリーグに比べれば、シンガポールリーグが格下なのは間違いなかった。普通の結果を出したのでは誰も気に留めてくれない。私にとっては後のない監督業のサバイバル戦を意味した。そしてそれはアルビレックス新潟シンガポールで新しくプレーする選手たちも同じだった。

幸い希望する戦力は整えることができた。是永現チェアマンが大学からリクルートしてくれたし、トライアウトも実施し、私も高校時代から知っている選手たちに声をかけた。私はいつも選手たちを鼓舞し続けた。

「我々はここで生き残っていかなければならない！」

そう自分自身に言い聞かせながら、選手たちと覚悟を共有してきたつもりだった。

アルビレックス新潟シンガポールの年俸は最低限の生活が保証されるレベルで、その中で選手たちはハングリーにサッカーを突き詰めようとしていた。彼らも日本ではチャンスを掴めず、良い大学へ進めなかったなどの理由があり「もっと高い報酬を得られるようになりたい」「マレーシアやタイにステップアップしていきたい」などの目標を持って来ていた。高い志を抱いていたからこそ、彼らの多くが1シーズンを戦い終えて帰国するとJクラブと契約することができたのだと思う。

アルビレックス新潟シンガポールは、日本から異国のリーグに参戦しているのだから、当然最初から快く受け入れられているわけではなかった。しかしそれでも敵役として結果を出し、逆に「このサッカーは面白いな」と感じてもらうことが私の野望だった。大袈裟に言えば、シンガポールのサッカーシーンを変えるくらいの覚悟で取り組もうと考えていた。

地域交流を通してファンを拡大

一般的にシンガポールのチームは、涼しくなる夕方からトレーニングをしていた。しかし私は生活のリズムを大切にしたかったので、朝9時からトレーニングを始めた。少しでも気温が上がる前に終わらせたかったのだが、それでも十分に過酷だった。

午後からはフリータイムにした。自主練習に取り組む選手もいれば、英会話の勉強をする選手もいて、各自時間の使い方には工夫を凝らしていた。そして私は、この自由な時間にひたすら部屋に閉じこもって海外のサッカーを見続けた。ヴァンフォーレ甲府のコーチをしていた頃、自分にはこういうサッカーができるという明確な色を持てないなら、トップチームの監督を務めてはいけないと思った。私が監督になったら、こんなサッカーをする。しかもそれは実践する選手たちの価値を高める内容でなければいけない。そこを突き詰めるために、私はトップシーンを研究し続けた。もし日本に止まっていたら、こんな時間は作れなかったと思う。そういう意味では、巡って来た運命に感謝していた。

気になるプレーを見つければ、映像を切り取り「こういうのをやろうぜ」と選手たちに呼びかけた。「この試合見とけよ、面白いぞ」と推奨すれば、たぶん大半の選手たちが見てくれていたと思う。

第5章
シンガポールでの挑戦

とにかくシンガポールにいた2年間は孤独な時間を過ごすことが多かった。だがこの孤独な時間こそが、次へのステップアップをするために欠かせないものだったのではないかと思っている。

シンガポールでもサッカーは人気のスポーツだ。しかしファンはパブでプレミアリーグの中継に熱狂しており、国内リーグを観戦に出かける習慣はなかった。クラブは入場料収入より、国からの補助金を頼りに運営している状態だった。だがだからこそ逆に地域に根付かせていく方法があるとも考えた。アルビレックスだけは、Jリーグと同じように地域交流などを積極的に行い、少しずつファンを開拓していった。最終的には地域にサポーターも誕生し、応援に来てくれるようになったのは本当に嬉しかった。

シンガポールでは、山梨学院の最終年に描き始めていたゲームモデルを、より明確に言語化して選手たちに伝えることから始めた。ちょうどペップ・グアルディオラがバイエルン・ミュンヘンを経てマンチェスター・シティを指揮していた頃で、ミーティングではこの2つのチームや、その原点となる往年のバルセロナの映像を多用した。自分たちは、こういうゲームモデルに則ってピッチ上で表現をしていく。それを明確にしてトレーニングを積み重ねた。

もともとシンガポールではプレミアリーグが人気で、強靭な身体を活かし大味ながら個人の力で突破していくスタイルを好むファンが多い。グアルディオラ監督が実践する細かくパスを繋いでいくスタイルは、一部では「イライラする」と不評を買った。しかし少なくともアルビレックスの選手たちは、全員がプレー原則を理解してくれて、同じリーグの全チームと比較しても、最も規律を持って迷いのないプレーができたと自負している。

全員でしっかりとボールを繋ぎ、トランジッション（切り替え）に変化をつける。これなら現地のシンガポール人選手たちと比べても、フィジカルで劣る日本人選手たちの特徴を活かせると思った。そしてゲームモデルをベースに戦う効果は、他の相手がルーズなだけに一層際立った。

日本では考えられない独自のルール

シンガポールには、変わり種の英雄がいる。ボスニア・ヘルツェゴビナのカヌー代表としてオリンピックで入賞した経験を持つアレクサンダー・ドゥリッチ氏で、その後はサッカーでも大活躍。シンガポールリーグでは３００ゴールを記録し、同国代表の主将としてもプレーして来たそうだ。このドゥリッチ氏などは、アルビレックスのサッカーを絶賛し頻繁に声をかけてくれた。

シンガポールは身体的に恵まれた選手もいて、高いポテンシャルを秘めている国なのは判った。同国の代表監督を務める吉田達磨氏も「きちんと指導をすれば面白い存在になる」と語っていた。だが現状はそれほど高い水準を保っているわけではなく、アルビレックスが警戒をして戦わなければならないのは、何人かのシンガポール代表クラスを揃えたホーム・ユナイテッド（現在のライオン・シティ・セーラーズ）やタンピナス・ローヴァーズなど限られたチームだけだった。

ただし突出したチーム力を持っていても、超えていかなければならない難題は少なくなかった。独特の環境やレフェリーのジャッジも含めて、少々のことでは動じることなく、やり過ごしてしまえる順応性や覚悟が必要だった。例えばＪリーグなら、選手が故障をしたり病気になったりすれば、すぐにチームドクターの診察を受けることができる。ところがシンガポールでは、こちらから選手を病院へ連れて行き、一般受診の方と同じ条件で順番待ちをしなければならなかった。現在はＧＭの協力を得てスポーツドクターに連絡を取れば、迅速に受診して適切な処置をして頂けるようになった。しかし私が監督を務めていた頃は、受診だけで長い時間を費やしてしまうので、日常から故障や病気には細心の注意を払うようにしていた。

ピッチもスタジアムごとで同じ天然芝でも固さが極端に異なり、雨天になるとさらに違いが際立った。特徴的だったのは雷に物凄く過敏な対応を見せることだった。過去に落雷で亡くなった方がいたそうで、警報ランプが回り始めれば、降雨も稲光もなく晴れていても即座に試合もトレーニングも止められる。私自身は経験していないが、せっかくリードしていたのに再試合になることも何度かあった。それでも笑って受け入れられるようにならなければ、現地の監督は務まらない。

異国である以上、当事国のルール（法律）があり、我々は従うしかなかった。だから私は常々選手たちに「自分でコントロールできることだけに集中しよう」と言い続けた。もしシンガポー

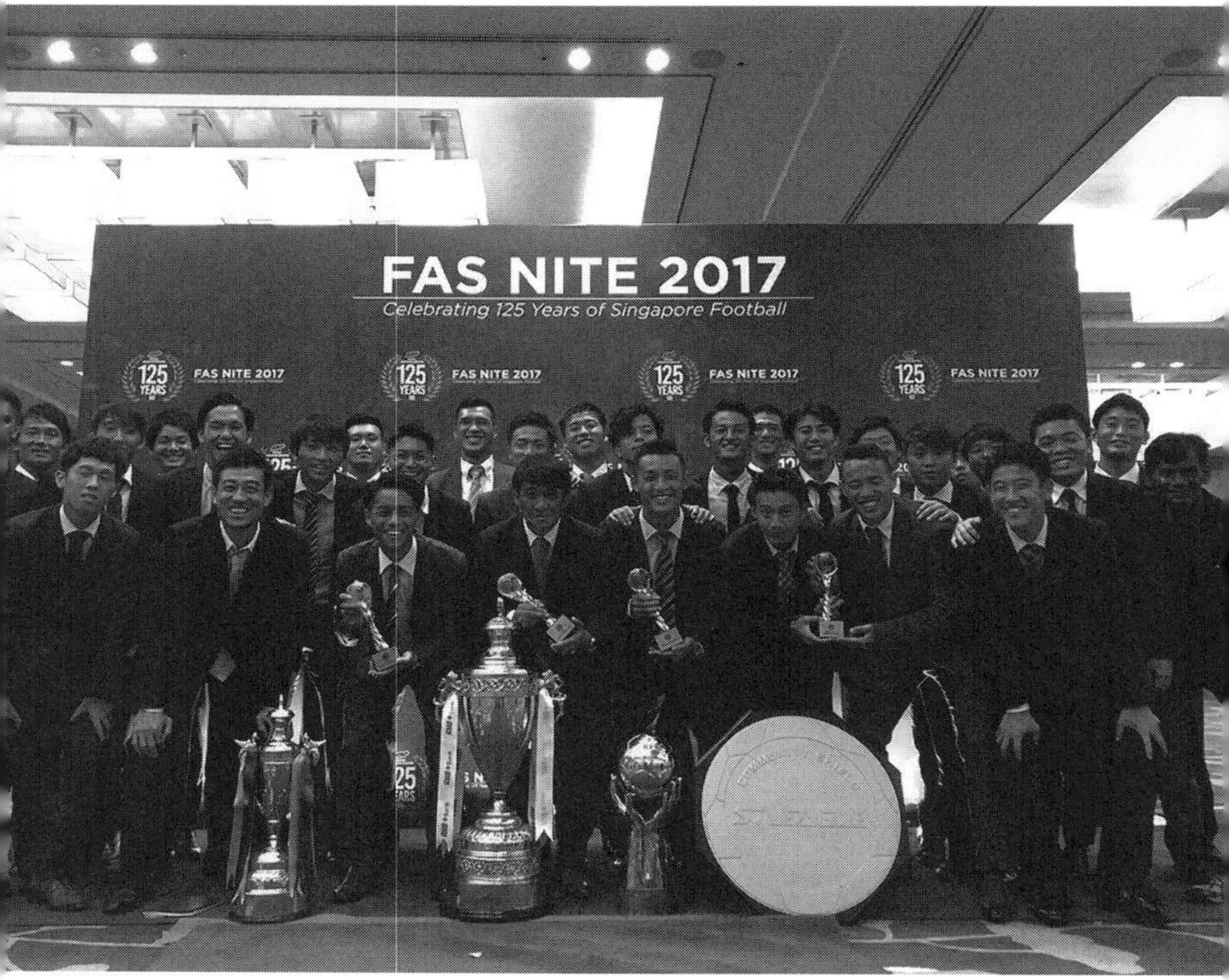

楽な試合ばかりではなかったが、2017年シーズンはリーグ、カップ、コミュニティシールドの四冠達成することができた

第５章

シンガポールでの挑戦

©Albirex Niigata FC Singapore

ルでの成功の秘訣があるとすれば、それに尽きる。当然何らかの意図が入っているとしか思えないレフェリーの笛もあった。しかしそこで苛立って心をかき乱されれば自滅へと向かうだけだ。

タイトル独占

2017年2月26日、私のシンガポールでの戦いが幕を開けた。開幕戦はナショナルスタジアムで有力なライバルとなるタンピネス・ローヴァーズに2－1で競り勝って弾みをつけた。4節のホーム・ユナイテッド戦（アウェイ）は2－2で引き分けたが、それ以外は11節まで全勝で突っ走ることができた。

だが12節（6月23日）、序盤戦で唯一引き分けていたホーム・ユナイテッドとのホームゲームで落とし穴が待っていた。現在栃木SCで主将を務めるセンターバックの柳育崇が退場処分となり0－2で敗戦。柳は代えの効かない選手だったが、次のホウガン戦も出場停止で起用できず1－2で連敗を喫した。

確かに開幕から順調な試合が続き、チーム内に「これくらいでいいか」という緩みが出始め危惧していた矢先の出来事だった。またスタメンとサブには力の差があり、中心選手が欠けるとチームのバランスが一気に崩れる課題も抱えていた。

しかし私が指揮を執り続けた2年間で、負けたのはこの2試合だけだった。２０１７年は、残り11試合を10勝1分けで乗り切って連覇を達成。シンガポールカップ決勝は、１２０分間戦った末に2－2からＰＫ戦（３－１）を制して優勝。シンガポールリーグカップ決勝では先に相手にＰＫを取られる厳しい展開となったが、チームで唯一38歳のベテランながら参加していてくれたＧＫ野澤洋輔（アルビレックス新潟、湘南ベルマーレなどで活躍）が止めてくれて延長戦に入り、佐野翼（翌年ロアッソ熊本へ移籍、現・長野パルセイロ）の決勝ゴールで優勝を決めた。

シンガポールでは2年連続で最優秀監督賞をいただいた

振り返れば楽な試合ばかりではなかった。リーグ戦は20勝2敗2分けで終えたが、20勝のうち7試合は1点差だったし、カップ戦も決勝戦は激闘だった。しかしそれでもしっかりと勝負強さを発揮できたのは、勝ってもさらに進化を求めて新しいものを提示し続け、全ての試合でしっかりと反省し個人へのアプローチも欠かさずに続けたからだと思う。若い選手たちで構成されるアルビレックス新潟シンガポールは、文字通り育成の仕上げの延長であり、プロへの第一歩を意味した。だからこそ彼らの将来のためにも、目線をシンガポールリーグではなく、最先端の欧州やJリーグに定め、私がインプットしたものをアウトプットして個々に高い要求をしていくように努めて来た。

2年目になると、リーグのレギュレーションが大きく変わった。21歳以下が50%、23歳以下が50%、オーバーエイジ（OA）は1枠という編成が義務づけられ、前年に引き続きチームに残ったのはOAの野澤と鎌田啓義（現・福井ユナイテッド＝北信越リーグ）だけだった。さらにクラブは初の試みとして、シンガポールの年代別代表歴を持ち高いテクニックを持つ有望株だったアダム・スワンディと、さらにもう一人のシンガポール人選手2名を受け入れることになった。それでもゲームモデルがあったので、選手が入れ替わってもやるべきことは整理され、チームは大きな違和感もなく継続的なパフォーマンスを発揮していった。

こうして私は、概ね目指すスタイルを表現しながら、滞在した2年間で連続してリーグ、カップ、コミュニティーシールドの三冠を達成することができた。リーグ戦は24試合で途中17連勝を含み22勝2分け、日本人選手たちの特徴を引き出して圧倒し、もう破られることのない記録を打ち立てたと自負している。私自身も最優秀監督に選ばれ、シンガポール代表監督候補として噂にも上がるようになった。

しかし海の外からJリーグ中継を見ていると、改めて「もう1度あそこに戻ってやってみたい」という想いが込み上げて来るのだった。

第６章

豊富な経験とともに新潟へ

Jアカデミーと高体連

三菱養和サッカークラブで指導者のキャリアをスタートした私は、小学生年代からプロのトップチームの監督まで全てのカテゴリーで経験を積み重ねて来た。様々なカテゴリーの選手を見ることで学ぶ範囲が広がり、接点を持った選手たちのその後もフォローすることで多彩な成長曲線を把握することができた。それは私の特徴だと思うし、経験豊富な指導者のもとでプレーする選手がマイナスになることはないと思う。

もちろん指導者にも適性がある。野心を持ち勝負感覚に長けたタイプは、早くトップチームの指導に携わった方が良いと思う。一方我慢強く時間をかけて見守っていくことができるタイプなら、おそらく育成に向いている。最も注意しなければいけないのは、ほとんどの指導者が育成かららスタートするわけだが、だからといって必ずしも育成がプロの助走ではないということだ。若い指導者は、選手と向き合いながら一緒に成長していく。もちろん選手としての経験は貴重で大きな武器にもなるが、指導者に立場を変えたからには、そこから新しい一歩を踏み出していく決意が必要になる。海外の先進国の事情を見ても、育成部門にこそ経験豊富なスペシャリストがいる。長年選手たちの成長過程を見続けることで慧眼が研ぎ澄まされ、個々の資質に即した道へと導くことができるようになるのだと思う。かつてはJクラブにも名物のようなアカデミー・ダイレクターや育成部長が存在して若い指導者を上手く導いていたが、最近はだいぶ様変わりしているようだ。

1993年にJリーグが創設されてから、日本サッカー界ではプロのアカデミーと高体連の比較が頻繁に論じられてきた。Jリーグはスタート時点で、各クラブにプロ選手の育成を目的としたアカデミー（下部組織）の設置を義務づけた。それまで日本代表選手たちの主な供給源は高体連だったから、少なからず現場サイドからの反発もあったはずだ。

地域にJクラブができると、小中学生の有望な選手たちは高校よりプロへ繋がるJアカデミーへと流れ始める。しかしアカデミー創設に即効性はない。年代別代表を見ると低年齢になるほどJクラブ所属の選手たちが大勢を占めるが、大人に近づくにつれて高体連出身の選手たちが逆転してく現象が顕著になった。象徴的だったのが、Jアカデミーのジュニアユース（中学年代）からユース（高校）への昇格を逃しながら、日本代表の中心的な役割を果たし国際的な選手へと成長を遂げた中村俊輔や本田圭佑らの存在だった。

しかしだから旧来の高体連の指導方法が有効だと結論づけるのは早計だと思う。ユース年代に焦点を当てれば、Jアカデミーと高体連で2つの異なる道があり、それを選手たちが選択できるのは日本サッカーの独特な構図だ。どちらが良いかはさて置き、2つの方法があるからこそ、お互いに切磋琢磨し改善を図ろうとする。

実際に私はどちらの組織にも所属した経験を持つが、いずれも長所と短所があり通底する課題もある。そして両者は反目し合うのではなく、互いに手を取り合って改善に迎えるかどうかに、今後の日本サッカーの発展のカギがあるのだと思う。

大所帯ならではの生存競争

私が山梨学院大学付属高校の指導を始めて、最初に直面したのは100人を超える部員と向き合い、同じ方向へ導いていく難しさだった。ある程度のレベルを目指す部活を心から満喫してもらうには、単純に楽しいだけではなく、良質な愉しさを実感できる環境と雰囲気を創り出していく必要がある。そのために大前提となるのが、適切なグルーピングである。誰もが自分に適したレベルで試合に関わり、そこで課題を抽出して再び試合に臨む。「M－T－M（マッチートレーニングーマッチ）を確保されていることが大切だった。しかし選手を上手くグループ分けできたとしてもマンパワーの問題等もあり、それぞれのグループの指導者のレベルを揃えなければならないという難問に突き当たる。

高体連の大所帯ならではの競争力は否定し難い。高校の部活を選ぶ比較的ハイレベルな選手たちは、インターハイや選手権で活躍をしてプロを狙いたいと考えている。ライバルが多いと、ある日突然スタメンから外されることなど日常茶飯事で、常に危機感と隣り合わせで気を抜ける瞬間がない。ケガをしても簡単に痛いなどとは言えない緊張感もあり、良くも悪くも自然に発生していく生存競争は選手たちの逞しさを育んでいく。

本来なら少数精鋭のＪアカデミーでこそ、そういう厳しい生存競争が繰り広げられるべきだと思う。実際欧州や南米のクラブでは随時選手の入れ替えがあるので、今まで培った立場をいつ失うか判らない。スタメンを外れるどころか、明日クラブを出て行く運命が待っていても不思議はない。バルセロナのカンテラ（下部組織）で育った久保建英などは、そういう世界で毎日生き残りを賭けて戦ってきたはずだ。

ところがＪリーグのアカデミーでは、大半が中学や高校の３年間というスパンに歩調を合わせているので、この間の在籍が保証されている。また保護者の方々も、そうでなければ子供を任せようとしないだろう。だが15歳から18歳と言えば、心身ともに著しく成長し、人間的にも選手としても変貌していく時期である。当然自分の実力に適したチームも、個々の成長度合いに即して変わっていくはずなのだ。ところが高校へ進学しても、プロのアカデミーへ進んでも、この３年間は同じチームに所属することが前提になっている。これは日本の育成で最大の足かせになっている問題だと思う。

高校へ進んだ選手たちは、途中でそこが自分に適わない場所だと思っても、チームを変えるのが難しい。選手はチームの所属選手である前に学校の生徒なので、チームの移籍は転校を意味し、仮に転校できたとしてもＪＦＡの現行ルールではブランクができてしまう。また学校を変えずにクラブチームに転籍しようとすれば、受け皿が極端に少ない。

Ｊアカデミーにはプロへ繋がる道が用意され、高体連には選手権という大きな魅力があるが、それ以外のクラブチームでは明確な夢を描きにくい。そして希望者が少なければ、運営が成り立たないのが実情だ。

例えば話は古くなるが、私が三菱養和クラブの指導をしていた頃も、強豪高校から途中で移籍をしてきた選手は一人しかいなかった。海外なら選手たちが試合の出場機会を得るために、実力に適したクラブへ移籍して行くのは当たり前のことだ。ところが日本の現状では、そういう選択をすると、どうしてもドロップアウトをしたような印象を持たれてしまいがちだ。

大所帯の高体連では、生存競争が激しい反面、人数の分だけ問題が起こるリスクも大きくなる。１００人以上の部員に対して、指導者が限られた人数では目の届く範囲に限界がある。個々の生身の選手たちは、それぞれが内面で深い葛藤を抱えているわけで、単純に抱える人数が倍になれば起こり得る問題の数も倍になると考えるべきだと思う。実際に山梨学院でも、直接私の目の届かないところで事件が起きてしまった。

少数精鋭が招くマンネリという弊害

一方少数精鋭のJアカデミーでは、3年間も同じメンバーで戦っていると、どうしてもマンネリ化してチーム内での自分の立ち位置が定まってきてしまう。本当に全員の力が拮抗していればハイレベルな競争が可能になるが、なかなかそれは現実的ではない。飛び級で上（プロ）へ参加する選手を出すなど上手く刺激を与えることが大切だが、3年間を終わってみればこじんまりした集団になってしまう可能性も否定できない。途中で選手の入れ替えがない現状の仕組みで、本来の意味で少数精鋭状態を保つのは非常に難しいテーマになる。

選手の立場を考えれば、いつでも自分が必要とされるチームに移るのは当然の権利である。ところが現状の日本では、その権利を行使する術がなく環境も整っていない。せっかくサッカーを選択してくれた子供たちと丁寧に向き合いしっかりと育成していくには、高校の部活をクラブ化したり、もっと地域に社会人のトップチームを創りクラブを増やしたりするなど、選手がいつでも自由にチームを移れる仕組みを構築していくべきだろう。そうすれば必然的に選ばれる側に回る指導者の競争力も高まっていく。環境を変えることで、試合への出場機会を得て伸びて来る選手もいるだろうし、適材が集まる各チームの活動内容も濃くなるはずだ。

世界を見渡せば、学校の部活が軸を成すのは、日本と韓国、あるいはカレッジスポーツが人気の米国など限られた国だけだ。つまり欧州や南米など先進国では、シーズンごとに選手の実力の見極め、再配分が行われている。

逆にイングランドなどでは、20歳を過ぎて別の仕事をしながら下部リーグでプレーをしてきた選手が、プレミアリーグでチャンスを掴み取るケースもある。日本もプロの世界に入れば、1年毎に生き残りを賭けた勝負の繰り返しになる。だが3年間という区切りで守られて来た選手たちが、いきなり学校を卒業した途端に意識を変えるのは難しい。

日本のスポーツ文化の背景を考えれば、プロ創設後の日本は与えられた環境下では良く選手が育って来たと思う。10年前に比べれば、お山の大将のように突出した素材は減少したとしても、全体のレベルは着実に上がっている。だが細部に目を凝らせば、現役生活の中で数年間を無駄にしてしまっている選手が少なくない。これは全国規模で均《なら》して考えれば、膨大な損失になる。さらに日本サッカーを強くしようと思えば、制度的な改革を考えていく必要があるはずだ。

適正チームでプレーすることが重要

とりわけ私が指導現場に立ち続けた経験から最も施策が必要だと感じるのが、18歳から頭打ちになる選手たちへの対応方法である。清水エスパルスでサテライト（Bチーム＝若手）の監督を務めた際には、極力18歳でプロになった選手たちに90分間の試合経験を確保するように努め、クラブには可能な限りトレーニングマッチを組んでもらえるようにリクエストを出していた。

もともと18歳でプロになる選手たちは、その時点で他を凌駕する才能を発揮していたエリートだ。しかし反面18歳でプロのトップチームのレギュラーを掴める選手は少ない。プロを選択したために、そこで試合経験が途絶えて、多くの選手たちが現役生活のピークを作り切れずに終わっている。逆に当時の清水エスパルスの選手たちはサテライトリーグ含めてクラブがコンスタントに試合経験を確保したことで、著しい飛躍を遂げていった。本来18歳からの数年間は、有効な公式戦の経験を積めば選手として最も勢いよく伸びていくはずの時期なのだ。ところが日本では高校を卒業して環境が変わる過渡期に当たり、逆に随所で低迷を招いてしまっている。

こうした状況を改善するために、Jリーグでは大阪のガンバ、セレッソの2チームとFC東京がU-23チームをJ3に参戦させた。これは欧州では一般的な方法で、セカンドチームをトップチームより下のカテゴリーのリーグに参戦させ、そこで経験を積ませて結果を出した選手をトップに引き上げている。例えば、鹿島アントラーズに在籍した安部裕葵は、バルセロナBに移籍しトップチームへの昇格を目指して戦って来た。

個人的には素晴らしい試みだし、必要な施策だと思った。既に全クラブがJ3から撤退してエリートリーグという形での活動になってしまったが、それぞれのチームからJ3で経験を積みJ

1で活躍するようになった選手が出て来たのも事実だ。やや尻すぼみに終わったとはいえ、そこはしっかりと評価しておくべきだと思う。

ただし反面同じJ3なのに、大人のチームが昇降格や生活を賭けて必死に戦っているのに、U-23チームだけが違った。人数が足りなくなると急遽ユースから呼ばれる選手もいて「今、チームはこういう状況だから」と説明されてピッチに送り出されても、なかなかチームメイトと同じメンタリティで臨めるものではない。やはり若いチームを参加させるなら、しっかりと同じ条件下で厳しいプロの生存競争を経験させてこそ将来の糧になるのだと思う。そういう意味でも2021年度よりスタートしたエリートリーグには、ぜひ注目していきたい。

結局良い選手たちを継続的に輩出していくには、誰もが常に適正チームでプレーしていることが最も重要な条件になる。日本は小学生から、ぎりぎり中学生くらいまでは、それなりに適正レベルでプレーできている選手たちが多いのではないかと思う。しかしその先高校年代から大学年代に差し掛かった時に、どれだけの選手たちが適正レベルでプレーできているかというと大きな疑問符がつく。

実はアルビレックス新潟も、ユースも含めた若い選手と提携している新潟医療福祉大学の選手たちを合わせて編成し、Jリーグが創設したU-21のエリートリーグに参加しようというアイデアが出ていた。だがコロナ禍でもあり2020年は活動が実施されなかった。

豊富な経験とともに新潟へ

Ｊリーグがエリートリーグを創設したのは、そこで若い選手をプレーさせることが18歳以降の選手たちのショー・ウィンドウになると考えたからだった。つまり若い選手たちがプレーを見てもらう機会を確保できれば、現在の所属クラブで出場機会が得られていなくても、他のクラブから必要とされる可能性がある。せっかくの才能を有効活用できる道が広がるというわけだ。

アルビレックス新潟のアカデミー・ダイレクターの仕事を始めてみて、エリートとしてプロを目指しサッカーに取り組む選手たちと、部活に励む高校生との相違は明白だった。

新潟ユースの選手たちは、大半が同じ環境下で過ごす。提携するＪＡＰＡＮサッカーカレッジの高等部（通信制）の生徒となり、９割程度がアルビレッジ内にある寮に住み込み、基本的にトレーニングは午前中に学校の授業として消化する。市街地からは少し離れているので、生活の流れを考えれば県内の選手でも入寮した方が利便性が高い。この寮に入れるのはユースの選手だけなので、必然的に全国から選手を集めるのも高校生年代からになる。遠隔地からジュニアユース（中学生）へ進みたい希望者が出た場合は、親が一緒に転居するなどの特例に限り認めることがあった。

Ｊリーグでも各地に常駐スカウトを配しているクラブがあるので、それに比べればアルビレックス新潟の体制が十分だとは言えない。またかつて北信越では一強に近い人気を誇ったが、最近は近隣に松本山雅、長野パルセイロ、ツェーゲン金沢、カターレ富山らのＪクラブがあり、高体連でも同じ新潟県内に全国区で下部組織も備える帝京長岡が頭角を現して来たし、富山一や星稜いアイデアが必要になって来ると思う。（石川）など伝統校も存在する。こうした波に呑み込まれず、さらに進化をしていくためには新しいアイデアが必要になって来ると思う。

「自立」と「自律」

サッカーはピッチに立てば全て自分で判断をしなければならないスポーツなので、自立することが選手としての成長にも多大な影響を与える。私はどこのチームへ行っても、必ず年頭に「自立と自律」をキーワードに選手たちに話すのだが、この2つはピッチ内外で重要なテーマとなる。

単純に親もとを離れれば、洗濯や片づけなど自分でやらなければならないことが増える。裏返せば、今までどれだけ親に世話になっていたかに初めて気づくわけで、それだけでも親もとから通う一般の高校生とは大きな違いが生まれる。そして親がどんな苦労をして協力をしてくれていたのかを知れば、本人の覚悟や責任感も変わって来る。また自宅から通う生徒は、寮生に比べればそういう気づきが遅れるが、身近に寮生活を送るチームメイトがいて接しているだけでも、普通の高校生よりはいかに自分が恵まれているかを少しずつ理解するようになる。

山梨学院は県外から来る選手が7割ほど占めていたので、寮は70人前後の大所帯になった。一方アルビレックス新潟ユースは、その半分くらいの人数だった。いずれにしても管理は難しく、様々な問題が生じるリスクはあるわけだが、この年代で寮生活を経験しておくことの価値は小さくない。

ただし同じように寮生活を送りサッカーに没頭していたとしても、概して高体連の選手の方が人生設計を描き、そのための準備を始めるのが早い。高体連からプロを目指せる選手は限られていて、大半が大学進学を前提に高校へ進学して来る。また暫く大所帯に身を置けば、自分の実力や可能性も見えて来るし、同程度の実力の先輩たちがどんな進路を選んでいくのかも目の当りにする。

高校生とアカデミーの選手たちとの大きな違いは、周囲で関わる人の数だ。高体連の選手たちは、いろんな先生と接し、サッカー部以外の生徒たちとも交友関係を築き、遠征試合も多いので他校の選手たちとも話し仲間を広げる機会が多い。実はこうして多くの人たちと接し、多様な考え方、生き方などを知ることも、高体連の選手たちが伸びていく要因の一つなのだと思う。

逆に少数精鋭のアカデミーの選手たちは、同じクラブでの在籍期間が長いほど外の世界に疎くなってしまいがちだ。アルビレックス新潟ユースのＧＫに尋ねたことがある。

「大学の体育会へ入るとＧＫが何人くらいいるか知っている？」

「……」

「ＧＫだけで１チーム（11人）以上いることもある。でもトップチームの試合に出られるのは一

人だけだよ」
大所帯で育った高体連の選手なら、既にそういう状況に慣れている。ところがJアカデミーの選手たちは、そんな情報だけで驚き少なからずショックを受ける。
ただし実は高体連とJアカデミーの選手たちが辿る進路には、あまり大きな違いはない。アルビレックス新潟ユースからトップに上がる選手は、毎年一人出るかどうかだ。大半は大学進学を目指すことになるのに、そのための情報収集や勉強などに無頓着な選手が多い。そして実態を知らないまま大学へ進むと、こんなはずじゃなかった、とカルチャーショックを受け、水が合わず残念な結末を辿るケースが多くなる。
少数精鋭のアカデミーなら、指導者との距

離も近く、選手はいつでも話す機会を持てる。だが大所帯の大学体育会に入れば、相当に強いメンタリティを持ち自分の考えを積極的に発信していける選手でなければ、スタッフ等から声もかけてもらえない環境に戸惑う。アカデミーなら指導者の目が個々の選手たちに行き届き、常に大事にされている感触を得られる。しかし大学の体育会では、何らかの理由で指導者の目に留まらない限り、放置され自分が何者でもなくなってしまう感覚に陥るかもしれない。

もしサッカーをすることだけが目的で大学へ進むと、体育会での活動が上手くいかないととことん落ち込むことになる。アルビレックス新潟でアカデミー・ダイレクターを任された私は、そういう不幸な事態を極力避けることも大切な役割だと思い、選手たちとは話し合いを重ねて来た。大学進学を希望する選手たちには、自ら情報を集めさせて学びたい分野がある学校を選択するように導いた。「サッカーが強いから○○大学」ではなく、興味を持てる学部までをしっかり選択させるようにした。

もちろん大学経由でプロを目指すのは良い。しかしプロになりたいから大学へ、と狭い発想に拘泥《こうでい》するばかりではなく、将来はこういう仕事に就く可能性があるから関連してこういう勉強をしたい、という結論を導かせるようにした。最終的には、選手たちもだいぶ理解をして進学してくれたと思う。

トップチームの監督就任

プロへ進む選手が限られている以上、アカデミー・ダイレクターの私に課せられた責務は、個々の選手たちにサッカー以外でどれだけ肉付けをさせて送り出せるか、だったかもしれない。もしサッカー選手になれなかった時、自分は何を目指し、そのために何をしておかなければいけないのか。そこを刺激し意識させるために「本を月に何冊は読むようにしよう」と呼び掛けて読書を奨励し、感想文も提出させた。また失敗談も含めて、いろんな生き方を知ってもらうために、興味深い記事を見つければグループラインでどんどん流した。Ｊクラブのアカデミーでは、選手たちと接するのがサッカーの現場だけになる。だからこそサッカーに限らず様々なスポーツ選手たちの生き様を知ってもらったり、サッカー以外でも興味を持てる世界へ辿り着くためのヒントを提供したりしたかった。

中学や高校の多感な時期は、いろんな人の考え方や出来事に触れ、世界観を広げていくことが大切だ。そこで新潟でも、クラブの協力を得てトップの選手にアカデミーのミーティング参加や、ＺＯＯＭでの質疑応答をしてもらうなど様々な試みをした。勉強を学ぶ場所と、トレーニングする場所が異なるアカデミー所属の選手たちは、確かに多忙な面もある。だが空き時間の使い方によって、人としての成長度合いは凄く変わって来る。例えば水戸ホーリーホックなどは外部講師を呼んでセミナーを開くなどの試みをしているが、これからはボールを蹴っている以外の有効な時間の使い方を学ばせていくのも、アカデミーの大切な役割になって来るはずである。

アルビレックス新潟でアカデミーの責任者を託された私は、まずスペイン人指導者を招きクラブの「メソッド部門」を起ち上げるプロジェクトに関わり「新潟らしさ」を表現できるゲームモデルの考案に着手した。改めて「新潟らしさ」について言語化しようとしても、まだクラブには明確に共有できているものがなかった。我々スタッフはスペインでのケースなども参考にして、いかにクラブのゲームモデルを確立していくか議論を重ねた。

当時の新潟のアカデミーを見渡しても、身体のサイズやフィジカル能力を特徴としているタイプは、ほとんどいなかった。逆にテクニックやインテリジェンスに長けた選手が多かったので、彼らを上手く活用できるサッカーを求めて行こうと考えていた。

しかし2019年4月14日付けで、私は急遽トップチームの監督に就任することになる。前任者は9節まで指揮を執り3勝3敗3分け。極端に成績が悪かったわけではないのに、こうして早いタイミングで引き継ぐことになったのは、私が中心となってゲームモデルの作成に携わって来たからだと思う。ただJ1への昇格を目指すだけなら、新監督は私でなくても良かったはずだ。しかしクラブは、これからトップチームがこういうサッカーを目指していく形をクラブ全体に示していくには、私が舵を取るべきだと考えたのだと思う。つまり私は、未来への第一歩を踏み出す責務を託されたのだと解釈した。

未来図を描くよりも目の前の結果

2017年にJ2に降格したこともあり、クラブとしても何かを変えていかなければならないという危機感は抱いていた。目先のJ1昇格に集中するなら、優秀な監督を招き効果的な補強をした方が即効性は見込める。しかし監督や体制が変わる度にスタイルが変わっていたのでは、積み上げができず早晩限界が来る。自分たちはこういうスタイルで戦っていく、という指針があるかどうかで、5年~10年先には大きな差が生まれてくる。今後プロを目指す選手たちにも、アルビレックス新潟がどんなサッカーを標榜し、そこへ行けば上手くなりそうだ、というイメージを抱いてもらうことが大切だった。

だがアカデミー責任者としての仕事に着手して間もなく、私の立場はトップチームの監督に変わってしまった。そしてシーズン途中で監督を引き継ぐのは、やはり難しかった。目指すスタイルを実現するには、コンセプトに即した選手が要る。本来なら準備は前年から取り組むべきなのだが、2019年度のチーム編成が行われた時点で、まだ私はクラブにいなかった。キャンプも視察はしたが、チーム作りの準備段階では関与していない。ところが4月に監督の要請を受けた後は、シーズンが中断もなくどんどん進んでいった。

アルビレックス新潟には、ずっとＪ１で戦って来た歴史がある。トップチームを率いる以上、ゲームモデルという未来図を描くのも大切だが、だからと言って目の前の結果も二の次で良いわけがない。

とにかく私には時間が足りなかった。何よりシーズンに向かうためのプランニングの重要性を、改めて思い知らされることになった。

実は監督を引き受けてから暫くの間の記憶が飛んでしまっている。それほど余裕を失い、夢中で仕事に取り組んでいたということなのだろう。毎朝6時頃にはクラブハウスに入り、先に到着しているテクニカルスタッフと打ち合わせを行う。8時頃からコーチも加えたミーティングで１日の流れを整理し、９時から約90分間はトレーニングを実施。他のスタッフと昼食を取ると、１～2時間ほど自分のチームや対戦相手の映像を確認し、再度テクニカルスタッフと映像のトレーニングへの落とし込み等をすり合わせて帰宅するのが1日の流れだった。

記憶が飛んでいるのは、帰宅後のことだった。いつもメモを取りながらパソコンと向き合っているうちに意識がなくなっていて、気がつくと陽が上り明るくなっていた。とにかく監督に就任してから1ヶ月間くらいは、布団に入って寝たことがなく、いつ寝ていつ起きたのかも判然としない状態だった。

監督に就任して最初の試合は、味の素スタジアムでの東京ヴェルディ戦だった。先制した試合だったが、終盤にパスの出どころを引っかけられて同点に追いつかれてしまった。本来ならアウェイでの引き分けスタートは悪い結果ではなかった。だがサポーターにはブーイングを浴びせられ「監督を代えたのに、これかよ」という声も耳に入って来た。

監督を代えたと言っても、私は就任して数日間しか経っていなかった。4〜5日でチームが変わるわけがないだろう、と今なら言える。しかし初めてJリーグで指揮を執る私には経験が不足していた。聞き流してしまえばいい野次にも、これはちょっとまずいかな、と過剰に反応してしまっていた。

余裕のない私は、早く選手たちの心を掴まなければ…、早く結果で説得力を出さなければ…、と焦っていた。ここで勝ち点3を取れていたら、もっとスムーズに改革が進んだのに、という試合が何度かあった。勝ち点1ではなく勝ち点3だったら、もっと私の言葉が選手たちにすんなり入っていっただろうな、と後悔することもあった。また目の前の勝ち点を拾うために、戦術のバランスを変えて守備に重きを置いたこともある。こうして理想と現実に折り合いをつけ、最適解に辿り着くまでには思いの外時間を要してしまった。

監督に就任してからは、街へ出る機会もめっきり減った。外食をすることがなくなり、オフの日に帽子と眼鏡を着用し食材を買い貯めるようにした。山梨県に住んでいる時も、コンビニやレストランなどで声をかけられることはあった。だが新潟は、サポーターの数がケタ違いだった。

あるオフの夕方にサウナに入っていた時のことである。どうも聞き覚えのある声が耳に入って来る。テレビの画面に目を向けると、前日の試合後のインタビューに答える自分の姿があった。それを見た隣のおじさんが「弱えなあ」と舌打ちをする。もうこの時間にサウナへ行くのはやめようと思った。

転機になった松本山雅との練習試合

最初の転機が訪れたのは、就任して4戦目のV・ファーレン長崎とのアウェイゲームから4連敗を喫した直後のことだった。ホームで私にとっては古巣に当たるヴァンフォーレ甲府に0－2で敗れ、翌日には松本山雅とのトレーニングマッチを組んでもらった。

公式戦の翌日なので、当然プレーをしたのはそれまであまり出場機会を得られていない選手たちだった。例えば筑波大学出身でプロ2年目の戸嶋祥郎は、ルーキーの頃から注目して来た選手だった。私は中央に配しボランチなどで持ち味を発揮するタイプだと見ていたが、サイドで起用されて走れることばかりが特徴の選手になりかけていた。私が監督を引き継いだ後には少しボランチでも試してみたのだが「やはり難しいのかな」と簡単に見切りをつけてしまっていた。しかしこの試合を契機に、しっかりと戦術を理解させて使い続けていくことで見違えるように良くなっていった。最終的に翌年には柏レイソルに請われて移籍している。

松本山雅も当日の状況下ではベストに近い布陣で臨んでくれた試合だった。しかし前述の戸嶋を初め、本間至恩、加藤大、チョ・ヨンチョル、堀米悠斗、秋山裕紀などのメンバーで臨んだアルビレックス新潟は、完全にゲームを支配し5－0で大勝した。

それまでの私は、前任の片渕浩一郎監督からの路線を大きく変えることなく、スタッフの意見も尊重しながらメンバーを決めて来た。だがこの試合を経て、もっと自分の目を信じて良いと思った選手を積極的に使うべきだと確信した。また攻撃面では、直接やりたい方針を選手たちに伝えたが、守備面の指示はコーチに任せて来た。ところが継続していくうちに、仲介者を挟んでの伝達に微妙なズレを感じるようになった。自分が伝えたかった指示と、選手たちがそれを受け取り表現している内容を照らし合わせると「あれ？」と首を傾げることが重なるようになっていた。

長年一緒に活動して来たスタッフなら、完全に同じ絵が描けていたのかもしれない。しかしこのままではしっかりと伝わっていないと感じた私は、直接自分の言葉で話すようになり、それからは選手たちとのイメージの齟齬も解消されていった。Jリーグ初監督の仕事だったが、ピッチ上のストレスは想像していたほどではなかった。だがシーズン途中から困難な状況で監督を引き継ぐには、私の経験が不足していたのかもしれない。おそらく監督に就任してスタートする時点で、今なら「私のやりたいようにやる」と宣言できる。だが当時はそう言い切る図々しさに欠け、逆に周囲の反応を過剰に意識してしまい自然体で入ることができなかった。

好調レイソルと価値あるドロー

また私には監督に就任した時点で、チーム内に把握できていない事柄が多過ぎた。もちろん早川史哉が急性白血病を克服して復帰を果たしたことは情報として知っていた。しかし彼の著書を読み闘病の過酷さを知り慄然とした。

私は早川のコンディションが上がって来たのを確認し、フラットに見てやれると思って起用した。だが彼がどんなリスクを背負い、闘い抜いて夏場に90分間のゲームができるようになったかを後から知ると、今度は起用した自分の決断が怖くなった。改めて彼の病状からすれば、ピッチに戻って来られただけでも物凄いことだった。後日早川には「もし最初から（詳細を）知っていたら（起用に）踏み切れなかったかもしれないな」と話すのだった。

松本山雅とのトレーニングマッチで会心の試合ができてから６日後の６月８日、私は前節から大幅にスタメンを入れ替えてアウェイのＦＣ岐阜戦に臨んだ。結果は３－１の快勝で、連敗を止めることに成功した。チームは少しずつ上向き、翌週はホームに戻って栃木ＳＣを２－０で下し、初めての連勝を記録する。続くツェーゲン金沢とのアウェイ戦は1－2で落としたが、再度鹿児島ユナイテッド（3－1）と大宮アルディージャ（2－1）を相手に連勝した。

しかし8月に入ると2度目の3連敗を喫し、最も厳しい状況の中で迎えたのがJ1でも優勝経験を持つ柏レイソルとのアウェイ戦だった。率直に翌年にはJ1に昇格し、ルヴァンカップでも決勝進出を果たしている柏の戦力は、このシーズンのJ2では抜けていた。前線にはオルンガ、クリスティアーノと強烈なストライカーとともに江坂任（現・浦和レッズ）が君臨。6月16日のアビスパ福岡戦で引き分けると、次のジェフ千葉戦以降は11連勝と破竹の勢いを見せていた。苦境にある新潟とは、まるで好対照を成すチーム状態だった。

しかしこれだけの破壊力を持つチームに、守備に軸足を置く戦い方をしたのでは到底対抗できないと、私は考えた。もちろん柏に穴は少ない。ただし左右非対称ではあるので、こちらも引かずに相手の不得意なサイドから攻撃を繰り出すことを強調した。選手たちには「いかに勇気を持ってボールを保持し、自分たちの時間を作り、先制できるかが大きなカギになる」と話した。

滑り出しは理想的だった。開始13分、フランシスが右サイドでディフェンスラインの背後へと流れたシルビーニョに繋ぎ、マイナスの折り返しをレオナルドが決めた。ブラジル人トリオにはミーティングから「ここを狙っていこう」と話して来た通りの形だった。私は作戦ボードに記した展開図の写真を携帯電話に残していたが、実際のゴールシーンも驚くほどそれを再現していた。

一方でオルンガにはボールを入れさせないことに注力し、逆によほど良い形で入らなければ川崎フロンターレから夏に移籍して来たばかりの舞行龍ジェームズが、ある程度は対応できるという目算があった。またクリスティアーノの方は、まだオルンガとどちらがゴールを奪うかとチーム内のライバル意識も窺えたので、もともとの性格面も含めて、なんとか対処可能だと見ていた。

結局試合は、後半途中から出場して来た４人目の助っ人選手マテウス・サヴィオに同点ゴールを許したが、圧倒的な強さでシーズンを制した柏と１‐１で引き分けることができた。

この試合での収穫は大きかった。柏は明らかにＪ１基準で、この中で自分たちは何ができるのか、何をしなければいけないのか、を確認することができた。私は２度目の４連敗の危機に直面し、率直に苦しい状況に陥っていた。しかしそれでも連敗を避けるために守るのではなく「あくまで攻める意識をなくしてはいけない」と訴えかけた。

選手たちが積極的にチャレンジしたことで良い部分もたくさん出たし、何よりこの試合の強度が自分たちの目指すべき基準だと体感することができた。私はその後も事あるごとに柏戦の強度を保つように強調し続けたし、少しでも緩みつつある時は「もっとできるよね」と鼓舞した。こうして選手たちは柏戦での強度を意識しながら戦うようになり、簡単には負けなくなった。

シーズン途中で引き継ぐ難しさ

実際シーズン後半には、最適解に近いと思える内容を表現できた試合もあった。特に第38節、10月27日、ホームのビッグスワン・スタジアムでの京都サンガ戦などはゲームモデルを見事に表現して見せて3－1で快勝したし、ホームゲームに限れば終盤は7戦無敗（5連勝）で締め括ることができた。どうしても負けてはいけない試合を落としJ1昇格プレーオフへの出場権を逃したが、最後はだいぶ面白いチームになったという感触を得られた。

新潟のサポーターは、本当に温かかった。公開トレーニングにもたくさんの方が足を運んでくれて、いろんな声かけをして頂いた。もちろん勝てない時はネガティブな言葉もあったが、それでも何も声が挙がって来ないよりはずっと良かった。

注目されていると実感できる環境は、私たちが成長していく上で不可欠のものだった。ホームのビッグスワンにも多くのファンが詰めかけてくれて、相手には「ここで戦うのは嫌だな」と感じさせてくれたと思う。だからこそチームも、そういう存在にならなければいけないと考え続けた。もちろんプレッシャーはあったが、勝った時にはそれだけの反応が返って来る。本当にやり甲斐を感じさせてくれるサポーターに恵まれた。

結局このシーズン終了までで監督の仕事はピリオドを迎えるのだが、せっかくここまで来たの

に終わるのは本当にもったいないというのが率直な胸の内だった。キャンプ前の準備段階からやれていれば…、あるいはあと3ヶ月間くらいあれば…、という想いが残った。

監督としての契約延長をしないという話は、シーズン最終戦前節の大宮アルディージャ戦終了後に聞いた。シーズンを終了した時点で監督が総括の会見をするのは恒例になっていたそうで、私もクラブサイドから促されて席に着くことになった。私は記者の方々にも、どんなゲームモデルを用意して、どんなことに取り組んで来たのかを知って欲しかった。そこで前例のないことだったが、パワーポイントを使って詳細を説明した。

その後質疑応答に移ると、あるテレビ局の方から「どうやったら昇格できますか」と質問が出た。要約すれば、私はこう答えた。

「それは僕が答えることではなく、クラブが考えることです。私は監督としての責任から逃げるつもりはありません。しかしクラブは、編成の方向性を定め、オフを迎え、そして新シーズンのキャンプで準備に入る。それは1年前からスタートするべきことで、監督が考えるレベルのことではありません」

結局クラブは、だいぶ前からアルベルト・ブッチ・オルトネダ現監督の招聘に動いていたようだ。私が最後の会見で話した通り、それはクラブとして正しい姿だった。

私は33試合を指揮して14勝11敗8分け。通算勝率42・4％はクラブの歴代監督の中で史上3位だそうだが、チームが昇格できずに10位に終わったことを考えれば、クラブが良くなる方向性を探るのは当然だった。

指揮したチームで3年連続得点王

翌年私はアルビレックス新潟とU-18監督（4月よりアカデミー・ダイレクター兼任）としての契約を交わすのだが、監督としてチームを離れた瞬間に「こうしておけば良かった」という後悔の念が次々に浮かんで来た。しかし一方で、ヴァンフォーレ甲府のコーチ時代の疑問を、監督として払拭できたという想いもあった。

シンガポールで2年間、J2で1年間。合わせて3年間監督を務めて来て、私の指揮するクラブからは3年連続して得点王を生み出して来た。シンガポールリーグでは、2017年が佐野翼(現・長野パルセイロ＝J3)で26ゴール、2018年は星野秀平(現・バレスティア・カルサFC／シンガポール)が19ゴール、そして2019年のJ2ではレオナルドが28ゴールを挙げた。3人とも点をとるポイントは持っていたが、単独でゴールを量産できるタイプではなかった。しかし私は攻撃的に戦うためにも、チームとして、いかにそこにボールを送るか、あるいはそこへ運んでいくか、という道筋を追求し続けた。得点王が出たのは必然の結果で、その点について私のやり方は間違ってはいなかったと思う。サッカーがゴールを目指すスポーツである以上、それは監督が絶対に持っていなければならないヴィジョンで、日本サッカー界に足りていないものなのかもしれない。

育成段階の選手たちを指導する機会が多かった私だが、指導対象が大人のトップチームに変わっても、極端にスタンスが変わるわけではなかった。ただし育成は、様々なことにチャレンジしていく姿勢を見せていくことが大切だが、プロはチャレンジした先に結果が伴わなければ評価されない。良いプレーなのか悪いプレーなのかは、明確にジャッジする必要があった。特にある程度のベテランになれば、これ以下では許容できない基準を設けなければならなかった。反面難しいのは、若い選手たちの見極めだった。

同じチャレンジをしたとしても、可能性を秘めた失敗なら、次も我慢をして使ってみようかな、と考えるようにしたし、また使うタイミングも熟慮した。

例えば本間至恩は、ジュニアユース（中学年代）時代からU-15日本代表に選ばれるなど期待を集め、ユース（高校年代）に昇格しても別格のタレントだった。高校2年時には2種登録され、5月のルヴァンカップではクラブ史上最年少で公式戦にデビュー。翌年9月にはリーグ戦にも初出場し、ツエーゲン金沢戦で決勝ゴールを決めていた。

クラブも期待をしていたし、私も彼の才能を認め常にメンバーにも入れるようにしていた。だが交代出場なら局面を変える力があるとは思ったが、なかなかスタメンの座を掴むには至らず、おそらく彼自身もそれを疑問に思っていたと思う。そこで私は、どうしたらスタメンで出場できるかの明確な基準を提示した。局面を打開するような長所を発揮する時間を増やし、不足している部分も指摘した。本間もそれをしっかりと自覚し、課題を一つ一つクリアーしていくプロセスを経て着実に目標に近づいていった。やがてコンスタントにどんな状況でも力を発揮できるようになり、２０１９年は明らかに次のシーズンに繋がるステップアップができたと思う。

作成したゲームモデルに即してトレーニングを重ねていけば、チームはそれなりの水準までは到達していく。しかし逆にそこまでは誰でも導いていけるわけで、指導者の価値はその先で決まって来ると思う。

例えばライン間の狭いスペースでボールを受けることの大切さは、大半の指導者も選手も判っている。しかし選手の価値を分けるのは、ボールを受けた後に何ができるかだ。素早くターンをして意外性のある展開を引き出せたり、あるいは振り向きざまにシュートまで持ち込める選手なら最大級の評価を得られるだろう。

一方指導者の勝負は、それぞれの選手たちから何を引き出せるように導いていけるか、になる。前述した通り、プロの選手には失敗の許容限度がある。しかし私が指導者として最も大切にしているのは、失敗（ミス）をさせてあげる度量や勇気だ。選手たちがチャレンジして失敗した時に、即座にアドバイスを送るのは簡単だ。だがそこで指導者が敢えて何も働きかけをしないで見守る、もしくはその失敗に対し激励するくらいの度量があると選手たちの姿勢も変わって来る。個人的には、失敗の多い子こそが天才に近づいていくと思っている。

外国人ストライカーのメンタリティ

かつてＪリーグの外国籍選手で最多得点記録を樹立したマルキーニョスは、15年間で7チームを渡り歩きリーグ通算152ゴールを記録した。清水エスパルスに在籍時の彼のプレーを見ていても、シュートを外すのが悪いことだとは微塵も思っていないことが伝わって来た。おそらくゴール前でDFと1対1の状況が訪れたら、シュートを狙わない方が悪いと考えるメンタリティを持っていたと思う。

山梨学院大学付属高校時代の前田大然は、あまり点を取れる選手ではなかった。どちらかと言えば、シュートの成功確率は芳しくなかった。しかしそれでも私は、チャレンジすることや突破することを奨励し続けた。チームメイトにも、大然がシュートを外してもパスを出し続けることを求めた。いずれにしてもスピードは傑出していたので、抜け出してしまえば周りも追いつかない。それが大然独特の形で、私の役割はそれを可能な限り再現させていかに成功体験を積ませるか、だったと思う。もちろん大然にも、ストライカー独特の図々しさのようなものは備わっていた。とにかく失敗しても愚直に打ち続ける。それがJ1でも得点王争いをする未来に繋がったと考えている。

結局ストライカーは、どれだけ外してもシュートを打ち続ける姿勢がなければ得点王にはなれない。Jリーグで活躍して来たブラジル人FWを見ても、ほぼ例外なくゴール前で怖れることなくチャレンジを続けて来た。そこは日本人のストライカーが、決定的に足りていない部分だと思う。

彼らはスペシャルな才能を磨き、ゴールを奪うことで生き残って来た。私がアルビレックス新潟の監督を務めた時に、28ゴールを挙げてJ2の得点王に輝いたレオナルドも、まさにその典型だった。前年（２０１８年）はガイナーレ鳥取に加入しＪ３で得点王を獲得。新潟にやって来てＪ２の同じタイトルを獲ると、翌年は浦和レッズに移籍し、次は中国のクラブに買われていった。

いつもレオナルド本人にもジョークで伝えていたが、絶対に私生活では友だちになれないわがままなタイプの選手だった。週末にリーグ戦を終えると、週明けは必ずレオナルドと渡邉基治通訳兼コーチとの三者面談からスタートした。彼と毎回話してきて外国籍選手との付き合い方という点では、相当に勉強になった。レオナルドは、ゴールを奪えば、自分の仕事は完結していると思っていた。確かにペナルティエリア周辺の仕事ぶりには非凡なものがあり、それでチームを勝たせているというプライドもあった。

そこで私は週末の試合のＧＰＳデータを示し映像も見せながら、他の選手たちがどれだけ走って守備をしていて、彼がこれだけ守備に貢献していないか

J2得点王に輝いたレオナルドには守備の大事さを教えるのに苦労した

を懇切丁寧に説明した。

「ホラ、もしここで守備をして、このポジションから攻撃をスタートできれば、これだけチャンスが増えるだろう？」

レオナルドも渋々納得し、少しずつ意識をするようになるのだが、彼に守備をさせるのは本当に大変だった。もっとも私とレオナルドの間に入る渡邉通訳兼コーチは、もっと大変だったのではないだろうか。とにかく私は同通訳から「歩くな」というポルトガル語を教わり、ピッチ上で目が合う度に「No andar」と声をかけ続けた。

しかしレオナルドで散々苦労しながらも、一方ではこういうメンタリティを持つストライカーを育てる必要性も痛感している。今では指導者が徹底して強調するので、ボールを奪われても歩いているような子は、ほとんど見かけなくなっている。しかし反面、オレが点を取って勝たせているだろう、というくらいの気概を持つ子も少なくなっている。

例えば究極のケースとして、今、リオネル・メッシのような選手の少年時代に遭遇したとする。私はまず彼にはゴールを奪うことを最優先に求め、次にその得点機会を増やすために、守備でボールを奪うことも要求していくと思う。それだけの才能を持つからこそ、誰よりもボールへの執着心が強い選手に育って欲しいからだ。

もし私が監督を務めるチームに、メッシのようにほとんど走らないが確実に1点をもたらす選手が要るなら、リーグやチームのレベルと最低限の守備力で勝つ確率を考えて、勝算が導けるなら起用すると思う。ただしチームが完全に彼を守備の組織に組み込まないと勝てないレベルなら、使い方を考える。

やはりこれからのサッカーでは、守備のタスクをこなせない選手はますます難しくなると思う。ただし最初からゴールも奪えて守備も勤勉にこなす選手はいない。サッカーの目的がゴールを奪うことである以上、ピッチに立つだけで相手に脅威を与える存在の価値は、時代が変遷しても変わらないはずだ。だからこそ指導者がＦＷの選手の守備をどう考えて、どのタイミングでどこまで要求していくのかは、今後しっかりと整理していく必要があると思う。

技術だけでなく人間性も大事

私がＪリーグのトップチームで指導に携わったのは、清水エスパルスとアルビレックス新潟の２チームだが、いずれもなかなか表面には見えない形でチームに大きく貢献しているベテランがいた。彼らは率先垂範《そっせんすいはん》で、プロはどうあるべきかを、背中で示してくれていた。新潟では田中達也がそういう存在だった。それほど試合に出る機会には恵まれなかったが、トレーニングが９時から始まる場合でも、７時～７時半くらいにはクラブハウスに現れて、黙々とバイクを漕ぐなどケガの予防に努めていた。一言一句が影響力を持ち、暫くすると若い選手たちも自然に見習うようになっていった。清水時代は日本代表も経験した澤登正朗、斎藤俊秀、森岡隆三などが、そういう役割を担い、身をもってサッカーへの取り組み方を見せていた。彼らは我々指導者がどんな言葉をかけるより、次世代に響くメッセージを発散していたと思う。そしてそういう3人も、指導者として活躍するようになった。

アルビレックス新潟アカデミーでは、もっと成長スピードを上げて、17歳でトップ昇格を果たせる選手を育成していこうと話していた。しかしピッチ上のパフォーマンスの成熟だけでは一流のプロにはなれない。日本全体に遅咲き傾向が強いことを考えても、15歳までに自立を促し、サッカー以外の教育も充実させていくことが大切なのは明白だった。人間性や社会的常識も大人に近づけなければ、プロのピッチには送り出せない。そのためのアプローチは、遅くても中学時代からスタートするべきだという話し合いを進めて来た。

Jリーグを見渡しても、アカデミーのスタッフが選手たちの通う学校側と連携し、先生方と積極的に情報交換をするクラブが目立つようになって来た。クラブがピッチ上の選手だけではなく、一般の生徒になった時の状況を把握しておくことで、互いの問題を共有しクリアーしていけることもある。またクラブのスタッフが学校の先生方と話す機会を増やすことで、アカデミー側の実情も知ってもらうことができる。

第6章

豊富な経験とともに新潟へ

サガン鳥栖、サンフレッチェ広島、京都サンガなどは、それで成果が出ていると聞いている。一時はJクラブも、アカデミーに教員経験者を招聘しようとする動きが見られた。

プロのプレイヤーの育成というのは、技量だけではなく、多くの観衆の前に自信を持って送り出せる人間の輩出を意味する。それは今後もより良い形を突き詰めていかなければいけないテーマだと思う。

第7章

サッカー界の未来

再びシンガポールへ

2021年、私は再びシンガポールへ飛んだ。

かつて監督を務めたアルビレックス新潟シンガポールで、今度はテクニカル・ダイレクター（TD）の仕事をするためだった。

サッカーのクラブには、トップにオーナー、社長、ジェネラル・マネージャー（GM）などがいて、経営の責任者としてサッカーに限らず多岐に渡る役割を果たしている。それに対しTDはクラブのサッカーに関する部分を統括する責任者で、スポーツ・ダイレクターという名称を使っているクラブも多い。アルビレックス新潟シンガポールには、トップチームからアカデミー、スクールなどがあるが、クラブ全体としての方向付けを明確にしていくのが最も大切な役割となる。

私はまずクラブの哲学やシンガポールという国の環境などを踏まえてゲームモデルを提案し、テクニカルスタッフと共有することから仕事を始めた。トップチーム、U-17、U-15、さらにはスクールの現場に可能な限り足を運び、トレーニングやゲームを観てスタッフや選手を評価してアドバイスを送り、公式戦になればスタンドからゲームを分析してベンチへ情報を伝達している。またクラブでは、選手個々が月ごとにIDP（Individual Development Plan=個人育成プラン）を更新してくるので、その作成にも携わっている。

ＩＤＰとは、個々と面談をして選手主体で自己分析やプレー面での具体的な達成目標、目指す選手などを決め、定期的に自己分析してもらうものだ。選手たちが自分で短期・中期・長期の目標や目指す選手（理想像）、さらに月ごとのゲーム、チームトレーニング、自主トレーニングで意識することなどを定め、さらにその達成度を自己採点して月初めに提出してもらう。アルビレックス新潟シンガポールでは、それを私が客観評価を加えて再度本人と面談をして、新しい月の目標設定を行う。シーズンを通して、それを繰り返して

ALBIREX NIIGATA SINGAPORE TOP TEAM 選手 IDP（Individual Development Plan）

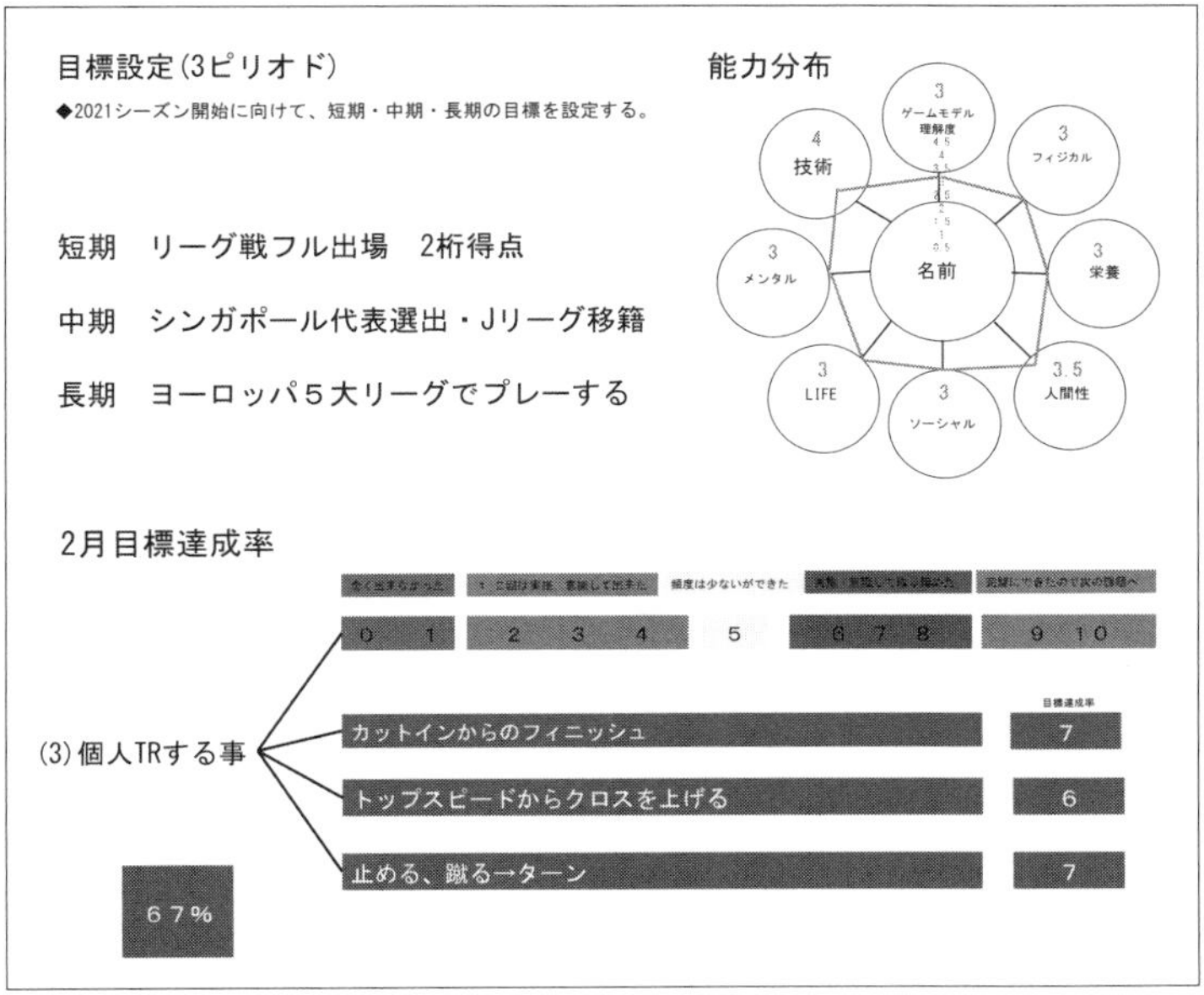

いくことになる。

IDPは既にJクラブのアカデミーでも導入しており、より個人へアプローチしていく意味でも非常に重要な取り組みだと思う。当然プランに関わる指導者も様々なスペシャリストが必要で、将来的にはポジション別、メンタル面、学習面などでサポートできる専門家の登用を検討していく流れに発展していくのではないかと見ている。あくまで個々の選手たちが主体的に目標を定めて分析し、指導者がサポートしていく。これが積み重なれば、選手たちのトレーニングやゲームへの意識づけも変わっていくはずである。

本来は育成年代でやるべきことだが、こちらではトップチームの選手たちも育成の最終段階に当たるので希望に応じて実施しており、結局ほぼ全員が参加している。トップチームは私が担当し、U-17、U-15、ジュニアは各担当にチャレンジしてもらっているが、U-17に所属するシンガポール人の選手たちを見ても、年齢が低いほど変化が顕著で成長速度も確実に上がっていると思う。

そしてシーズンも後半に入ると、次のシーズンのチーム編成、選手の移籍などに関するミーティングが入って来る。シンガポールプレミアリーグでは、2018年シーズンからルールが改正され、アルビレックス新潟に対しても特有のルールが設定された。全登録選手の半分が23歳以下で、残る半分を21歳以下の選手と年齢を問わない選手1名で構成する事を義務付けられ、シンガポール人選手の登録も可能になった。こうした事情を踏まえても、このチームに来る日本人選手たちは、実質的にほぼ1年間限定でのプレーを意味している。大卒なら必然的に1年間しかプレーできないし、私自身も「ずっといるクラブじゃないよ」と話している。私がこのチームで監督を務めた時の立場にも通じるものがあり、ほとんどの選手たちが何らかの挫折を経験して、ここで最後のステップアップのチャンスを掴もうとやって来る。だからこそ逆に我々は、ここに来れば成長できると期待感を抱かせられるものを提供していかなければならないと考えている。

一方で週末はJリーグや欧州リーグを観て、必ずフットボールのアップデートを欠かさないように心がけている。2021年は東京五輪やワールドカップ最終予選も行われたわけだが、リアルタイムでフォローした。欧州シーンは興味ある戦術を駆使する監督を追っている感じになるが、その内容を分析して把握しておくのは、私が現状に甘んじることなく目線を高く保っておく意味でも非常に重要な仕事になる。そして私が把握したことを目の前にいるスタッフや選手たちに伝え、マンネリ化を排し刺激ある日々を積み重ねられれば、全員の成長に繋げていけると信じている。

真のサッカー大国になるため

さてJFA（日本サッカー協会）は、2050年までにワールドカップで優勝する目標を掲げている。一つの目標を立てて、そこへ向けて歩んでいくのは大切なことだとは思う。しかしワールドカップを制するには、まず日本がそれに相応しい国にならなければいけない。世界の強豪に値する国になる方が、ワールドカップで頂点に立つより大切なことだと思う。逆にそういう環境や文化が構築されなければ、チャンピオンになれるものではない。

代表チームは、その国のサッカー環境や文化を反映する。競技人口を筆頭に、育成段階や18歳以降の選手たちを伸ばしていくための環境整備、指導者やレフェリーのレベルアップ…、全てが揃ってようやく世界一を目指すチャンスが到来する。もちろん日本がそういう国になる可能性はゼロではないが、私が生きている間に実現するのか判らないくらい壮大なチャレンジになる。

確かに総体的に選手たちのレベルは上がっていると思う。2021年の東京五輪でも目標であるメダルには手が届かなかったものの、ベスト4に進出することはできた。ただし一見世界のトップレベルまであと一歩のようで、そこには大きな壁を感じたことも事実である。この壁を打ち破るために必要なことを、改めてそれぞれが考えていく責任があるのではないかと感じた。

例えば指導者養成コースは、内容の精査はもちろん、さらにライセンス取得の門戸を広げ、より幅広く多くの指導者に学ぶ機会を与えていくべきだと思う。特に性別や年齢を問わず、平等な競争を導いていくことが大切だと感じている。また意欲ある指導者たちが適切なチャンスを掴んでいくためにも、それを正当に評価できる人間を発掘することも重要な課題になって来ると思う。

東京五輪では多くの試合が無観客で行われたが、それでも日本代表の活躍は映像で多くの人たちの目に触れたはずだ。それを見た子供たちが、一人でも多くサッカーに興味を持って欲しいし、彼ら彼女たちがサッカーボールに触れる機会を得た時に出会う指導者が、さらに競技の楽しさを伝えてくれる存在であって欲しいと願う。真のサッカー大国となるには、まだまだ競技人口を増やしていくことが必須だからだ。ワールドカップや五輪は、コロナ禍でどうしてもスポーツから離れていってしまいがちな子供たちの興味を呼び起こす大きなチャンスである。せっかくボールを蹴りに外へ飛び出して来る子供たちのためにも、グラスルーツでの活動が非常に重要になってくる。

「チームより個を育てる」考え方

選手育成の制度に目を転じれば、選手たちは「6－3－3－4」という学校制度に即して在籍チームを変えていくので、適正レベルでプレーできている選手があまりにも少ないように感じている。現場では自分の才能を持て余したり、逆に試合への出番を失ってモチベーションを落としたりしてしまうもったいないケースが溢れている。なんとか1年毎に選手個々の適正水準を見直し、自由にチームを移れるシステムを構築できないのか。その是非で日本代表の未来も大きく変わって来ると思う。

全ての選手たちが一貫して適正レベルで自分を磨けるようになれば、もっと早く海外へ飛び出していく選手も増えてくるはずで、そうなれば当然個々の最終到達点も変わって来るに違いない。さらに選手たちが欧州の主要クラブで活躍するようになった場合は、代表チームを率いる指導者も欧州で評価されるくらいの実力を求められてくるはずだ。

サッカーは、プレーを通じて凄く多くのことを学べる競技だと思う。しかし学び取るには、あくまで選手たちが自由にプレーし、成功や失敗を繰り返していかなければならない。つまりサッカーでは「ゲームが一番の師」であり、そのゲームを満喫しながら人生の機微を学んでいくべきものだと思う。

ところが日本のサッカーの活動場所は学校が中心になっている。どうしても監督や先生の指導の下で活動することが習慣化され、大人がついていないと許されないケースも少なくない。そうなると現場に立つ大人が、そこをどういう場にしていくかで、子供たちの活動の意味合いはまったく変わってくる。本来なら大人は子供たちが楽しくプレーするのを見守る立場を貫き、極力発想に制限を与えないで欲しい。それはＪＦＡの指導者養成コースでも根幹を成す考え方なのだが、なかなか浸透している実感がない。

やはりそこを変革するには、育成年代の大会を整理し「チームより個を育てる」考え方を強調していく必要がある。そもそも小学生年代で全国チャンピオンを決める大会が本当に必要なのだろうか。中学や高校でも大会で勝った監督より、チームを巣立っていった選手たちがどんな成長を遂げたか、に焦点が当たるように導いていくべきではないか。こうした認識が変わっていかないと、日本のスポーツの現場も古い殻を破れないと思う。

ある南米のクラブのオーナーが、こんなことを公言したという記事を目にした。

「ウチのクラブは選手ならいくらでも売ります。しかし指導者は絶対に売りません。彼はかけがえのないクラブの財産だからです」

逆にその指導者さえいれば、この先将来も選手たちはどんどん育っていくことを、オーナーは示唆していたのだった。

私は選手たちにとって最も大切な環境は、そこにいる指導者だと思っている。プレーする場所が土のグラウンドでも、ボールが足りなくても、あるいはゴールがなくても、その場に立つ指導者が適宜効果的な言葉を発して的確に導いていけるなら、必ず選手たちは成長していける。ハード面など外的な環境は、いくらでも後づけが効く。しかし指導者はそういうわけにはいかない。だからこそ指導者は、日々歩みを止めずに学び続けなければならない。

指導者には、選手たちの未来を担う重責が課せられている。だからこそ、これほど夢のある素晴らしい仕事はないと思っている。

第８章

高田哲也（サンフレッチェ広島ユース監督）
白崎凌兵（サガン鳥栖）
インタビュー

いつも選手のことを一番に考えて、
選手の判断を大事にし、
もっと上手くするために、
どうしたら良いのかを絶えず考えている方です。

©2021 S.FC

TETSUYA TAKATA

高田哲也

(サンフレッチェ広島ユース監督)

PROFILE

1969年広島県生まれ。広島国泰寺高校―福岡大学。1993年に湘南ベルマーレの前身、フジタSCに入団以来、ベルマーレ一筋にプレーし、通算134試合出場6得点を記録。現役時代はボランチを中心に、CB、左サイドバックを担当。引退後は湘南ユースのコーチ、監督を経て、2006年はトップチームのコーチに就任。2007年からはJFAナショナルトレセンコーチ。2009年から2017年まで名古屋グランパスにてU-15、U-18監督、テクニカルダイレクター、アカデミーダイレクターを歴任した。2018年よりサンフレッチェ広島のジュニアユース監督に就任。2020年からユース監督に就任。

吉永さんは、私が福岡大学に入学した時の最上級生でした。新入生の私は、吉永さんの車を運転する係になりました。まだ高速道路が鹿児島まで伸びていなかった頃のことです。よく吉永さんを後部座席に乗せて、宮崎の山奥など様々なところを走り回りました。

当時の吉永さんは、口数が少なくてとても怖い存在だったので、私は余計なことは一切しゃべらないようにしていました。私は吉永さんの担当でしたし、福岡大時代は前の方のポジションもやっていたのでGKの吉永さんが守るゴールへ向けて私がシュートを打つことも多く、一緒に過ごす時間は長かった方だと思います。とても芯が強く探求心も旺盛で、いつも全体練習が終わっても最後までピッチに残り、後輩にもアドバイスを送っていた記憶があります。私もシュート1本について「もっとこう蹴った方がいいんじゃないか」と具体的な助言を頂きました。当時は怖いだけだったという記憶ですが、今思えば実は優しくて良い先輩だったのかな、という気もしてきます（笑）。もっとも私は近い存在で可愛がってもらいましたが、そうでない人たちには怖いだけだったかもしれません。だから正直なところ、学生時代の吉永さんからは、指導者や先生として選手や生徒たちと寄り添っていく未来は想像できませんでした。

話す機会が増えるようになったのは、私が現役を退き指導者に転身した頃からだったと思います。私は現役時代を過ごした湘南ベルマーレでユースを指導するようになり、吉永さんは三菱養和を経て地元のアビスパ福岡のアカデミーに戻って来られました。お互いに同じカテゴリーを受け持つことになり、再会することになったんです。

学生時代はひたすら怖い存在だったので、私はだいぶ構えて戦々恐々だったのですが、意外とフレンドリーに接して頂き、それからは現場で会う機会も増えて少しずつ気軽に話せるようになっていきました。コーチになると、見るもの全てが現役時代とは角度が異なってきます。吉永さんは、引き出しを広げるために何でも気兼ねなく相談できる先輩に変わり、いろいろなヒントをたくさん頂いて来たと思います。

私が言うのも恐縮ですが、吉永さんは凄く真面目な方で、とにかく興味の幅が広く、いろんなアンテナを張り巡らせています。シンガポールにいても欧州の最前線の情報から日本の状況もしっかりと把握されています。とにかくいくら会話が進んでも、次から次へと多彩なテーマが飛び出して来て途切れることがありません。よくそんなに覚えているな、という記憶力とともに、話題を引っ張り出してくる瞬発力も凄い。ＳＮＳの更新の頻度などを見ても、本当にパワーのある方です。

見た目は強面なんですが、いつも選手のことを一番に考えて、選手の判断を大事にしています。この選手をプロにするために、あの選手をもっと上手くするために、どうしたら良いのか、絶えず考えている方です。

実は私も、選手にダメなことはダメとはっきり伝えますが、積極的なチャレンジをした結果ミスをしても、まずはOKを出します。その上で後からその判断が正しかったのかどうかを確認していくタイプなので、吉永さんの指導には共感できる部分が多々ありました。

広島県出身の私は、大河FCでサッカーを始めました。大先輩で日本代表の10番を背負って活躍された木村和司さんを筆頭に、現在セレッソ大阪の社長をしている森島寛晃や田坂和昭（現・栃木SC監督）など、小さな田舎町の少年団なのに次々と著名なプロ選手を輩出してきました。この大河FCが伝統的に自主性を大切にしていて、試合中はベンチや父兄からのコーチングを廃し、ボールを持っている子供たちの判断を尊重するようにしてきました。実際私も原点となる大河FCで「楽しまなくちゃ」「チームのために頑張らなくちゃ」ということを教えてもらいました。創立者の浜本敏勝先生も常々「人からああせい、こうせい、と言われたら面白くない」と話されますが、そういう姿勢は吉永さんにも通じるところがあります。絶対に頭ごなしに「ああしろ、こうしろ」とは言わず、選手たちが考えていることややろうとしていることを尊重する。そんな方向性が私の指導指針と被っていて、お互い共感できるから長く良い関係が続いているのだと思います。

吉永さんとは、Ｊクラブのアカデミー時代に選手の獲得に苦労したという共通項もあります。特に吉永さんがアビスパ福岡やサガン鳥栖のアカデミーで指導をしていた頃は、九州では高体連の色が濃かった。Ｊクラブに決まりかけていた選手が、土壇場で鹿児島実業や東福岡などに持っていかれたなどという話はよく耳に入ってきました。一方私が在籍して来たクラブのアカデミーも、決して選手の勧誘やスカウトが楽だったわけではありません。まず湘南ベルマーレは、同じ地域の横浜F・マリノスや東京ヴェルディに人気が集まり、競争にさえ入れてもらえませんでした。おそらく人気で両Ｊクラブに続くのは、桐蔭学園や桐光学園などの高体連だったと思います。また名古屋グランパスもトップには資金力があり、吉永さんからは「簡単に獲れるだろう」と言われましたが、アカデミーはユースでも月謝を取って活動している状態でした。京都サンガのように立命館大学と提携する好条件のクラブが出てくると、なかなか太刀打ちするのが難しい状況に追い込まれたと思います。さらに現在指導をしているサンフレッチェ広島も、全寮制で近隣の吉田高校と提携をして、Ｊクラブの高体連的な色合いでスタートし当初は良い選手も集まってきました。しかし今では関東や関西から練習生が訪れても、駅や空港からの道のりを進んでいくうちに「あれ？　どこまで行くんだろう」と不安や疑問を覚えるかもしれません。グラウンドの横には普通に鹿が現れるような場所です。ここで集中して頑張りたいと固い決意を抱く選手が来てくれる状況だと思います。

あくまで私見ですが、おそらく吉永さんはS級指導者ライセンスを取得し、清水エスパルスでヘッドコーチを務められた頃から、経験が積み重なりいろんな人たちと接して来たことで、立ち居振る舞いに自信と余裕が出て来たような気がします。私も（吉永さんが取得した）数年後にはS級ライセンスを取得したのですが、3ヶ月間に渡る講習には様々な志の高い人たちが集まって来るので、所属クラブでの活動とは趣きの異なる時間を過ごします。一緒に講習を受けた人たちとは同士感覚になりますし、いろんな話を聞きながら大きな刺激を受け、やはり私も上（トップチーム）を目指したいという気持ちが強くなりました。

吉永さんがJクラブから、高体連（山梨学院）の道を選択した時は、さすがに驚きました。現在私が担当するサンフレッチェ広島ユースは、1学年12人×3学年の36人体制で活動していますが、高体連は部員が3ケタを超えるわけで、経験のない私は人数を聞いただけでゾッとします。そもそも名前覚えられるのかな…、というのが率直な印象です。

今ではJクラブだけではなく高校でも役割分担が進んでいるようですが、当時の吉永さんは何から何まで全て一人でこなしている様子でした。100人以上の部員がいるのに、本当に寝る暇があるのかな、と疑問が湧いたほどです。しかも着任していきなり全国高校選手権に初出場で初優勝。かつては私も憧れを抱いていた舞台です。本当に凄いな、と思いました。いきなり違うチームへ行って結果を出すのは、そう簡単なことではないし、まぐれではできません。絶対に何らかの裏づけがあるはずだと思いました。

しかし吉永さんは、選手たちのために寝る間も惜しんで尽力されていた。選手たちもそれを感じているからピッチ上でハードワークをするのだろうし、きっと吉永さんも信頼されているからこそ言葉にも説得力も出てくるのだと思いました。

吉永さんが山梨学院にいらっしゃる間、私は名古屋グランパスのジュニアユース（中学生年代）を指導していたので、何人かの選手を送り出しました。ちょうどその頃は、ユースに上がれなかった選手が愛知県外に出る傾向があり、私自身もできることなら信頼できる指導者の下へ送りたいという願望がありました。もう最初の頃にグランパスから山梨学院へ進んだ選手は大学を卒業して就職をしていますが、中学時代は適当だったのに高校でしっかり揉まれて自立し、今でも近況報告をしてくれます。改めて吉永さんのところへ行かせて良かったと感じています。

山梨学院が選手権で優勝したことで、名古屋グランパスから進学を希望する選手も出て来るようになりました。私も本人が進路を決めかねているようなら「吉永監督なら信頼できる。チャレンジしてもいいんじゃないか」と背中を押しました。

もっとも名古屋グランパスアカデミーには、山梨学院の横森巧総監督が韮崎高校時代に指導を受けていたスタッフもいたので交流もあり、同総監督が名古屋に視察に来られることもありました。横森先生は平然と言われます。

「ユースに上がらない選手じゃなくて、ユースに上がる選手をくれよ」

「それは勘弁してくださいよ」

「(欲しいのは) 何番と何番と何番」

「…判りました!」

さすがにこんなやり取りになるのは横森先生だけです。一応聞いて本人には伝えましたが…。

基本的にトップチームと育成の指導者は、少しだけ適性が異なるのかもしれません。私自身は、アカデミーでの指導で最も力を発揮できるタイプだと思っています。もちろん勝ち負けも大切ですが、それ以上にトレーニングで積み重ねてきたことをゲームで表現させる。目先の結果に拘るよりは、未来への蓄積を大切にする方が向いているのだと思います。逆にトップチームの監督には、動いているゲームの中でも瞬間的なジャッジを求められます。まだ私は、そこまで勝負師になり切れない部分があるのかもしれません。

ただし私自身の経験を踏まえても、決して育成の指導がトップより簡単なわけではありません。

むしろ表現は不適切かもしれませんが、トップの方が簡単なのかな、と思える部分もあります。中高生を繊細に導いていくには物凄いパワーが必要になります。また育成年代では、平等とまではいかないまでも、できるだけ全ての選手たちに積み上げて来たことを発揮させるプレー時間を確保してあげたい。一方プロには、こうした気遣いは不要で、要求されることができるかできないかで明快に評価が決まります。

吉永さんを見て来て、改めてトップも育成もできてしまう人なんだな、と感心しました。トップの監督、アカデミー・ダイレクター、高体連やトレセンの指導も経験し、今度は海外でも同様の経験をされている。膨大な引き出しを持たれている上に、決して基本の姿勢はぶれません。さすがにアルビレックス新潟の監督をされた時は、だいぶ寿命が縮まっただろうな、と思いながら見ていました。珍しく電話で「いやあ、大変なんだよ」と心の声が漏れていたような気がします。

育成も結果を出さないと会社で評価されないし、結果が伴っていれば良い選手も入ってくるようになるので、両立するに越したことはないのですが、なかなか難しいのが現状です。実際吉永さんも、トップチームの監督になった時は、両立の難しさに苦悩されている様子でした。もともと試合をこなしながら選手たちを成長させていきたい熱意が凄くある方です。しかしプロである以上、結果にも拘らなければならないわけですからね。

個人的には、吉永さんが最も力を発揮されるのは、トップチームのヘッドコーチではないでしょうか。いつも物事を客観視していて、若い選手たちの見極めもできます。勝ち負けがかかった緊迫した状況でも冷静に振る舞えますし、心の動きを表情には出しません。もちろん監督の適性もあるとは思いますが、持っている資質を考えると、そこが一番はまるのではないかと思います。

指導者というのは、意外に孤独な職業です。海外ならお互いに本音をさらけ出して激論を交わすことが多いのかもしれませんが、どうしても日本では内に秘めたタイプが多く、探りを入れてもなかなか核心に触れることは話してもらえません。その点で吉永さんは、思ったことをストレートにフランクに話し合える貴重な存在です。私もなんでもズケズケと言えてしまうし、吉永さんも私には話しやすい。お互いにガス抜きもできているのだと思います。

吉永さんは、日本でも全ての選手たちがいつも適性レベルでプレーできる体制作りを課題に挙げられています。改めてウチのアカデミーに照らし合わせてみても、下から上がって来た（内部昇格）選手と、スカウトが外から獲って来た選手では、同じ学年でも力の差があるし、基本的な戦術的理解度にも個人差があります。本音を言えば「もし高体連に進んでいれば、エース格で活躍できたのかな」と感じる選手がいることも事実です。

日本では多くの選手たちが憧れだけで進路を決めてしまいがちです。しかし反面15歳くらいで自分の実力や可能性、適性を判断して進路を選択するのはとても難しいことです。だからこそ我々指導者が、試合に出られるかどうかも含めて個々の能力を見極めて助言をしてあげる必要がある。凄く重要な役割を担っているのだと思います。

適度な威厳を保ちながら
人間味も感じさせてくれる吉永監督は
今までのサッカー人生の中で
最も影響を受けた人だと思います。

RYOHEI SHIRASAKI
白崎凌兵
（サガン鳥栖）

PROFILE

1993年5月18日生まれ。東京都出身。横河武蔵野FC-FC東京U-15むさしを経て、山梨学院大附属高校へ進学。２年時に全国高校サッカー選手権に出場、ベスト８入りに貢献。U-18日本代表候補にも選ばれ、J数クラブの争奪戦の末に2012年清水エスパルスに加入。開幕戦の名古屋グランパス戦にてJリーグ初出場。13年カターレ富山へ期限付き移籍。同年10月ガンバ大阪戦にてJリーグ初得点を記録。19年鹿島アントラーズへ移籍、21年サガン鳥栖へ期限付き移籍。

山梨学院大学付属高校を卒業して間もなく10年近くが経過しようとしていますが、吉永監督にはサッカーのことで何か決断をする時には必ず連絡をさせて頂いています。最近では鹿島アントラーズからサガン鳥栖へ期限付き移籍する際にも、やはり相談しました。

吉永監督は、僕が相談をしても「こうした方が良いよ」という言い方は絶対にしません。どちらかに導くような言い方をすると、その言葉が頭に残ってしまい、影響を受ける可能性があるからなのだと思います。その代わり、いつも僕が決めたことは100%応援してくれる。そういうスタンスを貫いてくれます。

もともと僕は性格的に、あまりうるさく言って来る人には相談しなくなっていくタイプです。そういう意味でも吉永監督は、いつ連絡を入れても嫌がる素振りもなく、じっくりと僕の話に耳を傾けてくれて本当にありがたくて大切な存在です。

サッカーを始めて、率直に小学生の頃は自信満々でプロになれると思っていました。でも中学生になり、FC東京U-15むさしに入ると、なかなか体が大きくならず線も細くて、テクニックでは勝負ができても潰されてしまうことが多くて凄く苦労しました。いろいろ思うようにいかないことが重なり、「サッカーをやめようかな」と考えた時期もあります。

中学3年時には、ユース（U-18）のトレーニングにも呼ばれ、自分の立ち位置を掴みかけたこともありました。中学1年生の頃に歯が立たなかった選手たちにも、3年時はしっかり渡り合えるようになっていて成長も実感できました。ユースへの昇格が到底無理だという感覚はなく、当落線上なんだろうな、と思っていました。

結局ユース昇格を逃して、中学時代の最後の方は、あまりサッカーへ身の入り方も良くなかったと思います。そのせいか山梨学院に入学してからも、なかなか思うように体が動かず、逆に周りのみんなが予想以上に動けている。最初は同学年のチームメイトが15人くらい合格した山梨県の国体候補からも落選してしまいました。

しかし後から振り返れば、仲の良いチームメイトがみんな国体候補に選ばれたのに自分が落ちたという現実に直面し「いったい、ここに何をしに来たんだ」「このままじゃまずい」とスイッチが入ったのかもしれません。国体セレクションの直後には、選考から外れた1年生だけでメンバーを組み、長野遠征に出かけました。ここでは1学年上の大会に参加したのですが、優勝を飾ることができました。遠征から戻ると、この時のメンバー数人と、国体候補に入った選手たちがBチームに入り、そこからはトントン拍子でした。

プロ入り後もそうなのですが、僕は今までチームに入って最初から上手くいったことが、ほとんどありません。その中でもがきながら地位を築いて来た感じです。高校1年時も最終的には国体のメンバーにも選ばれ本大会での活躍が評価され、ナショナルトレーニングキャンプに招集されました。中学時代には参加した経験がなく、行ってみたら顔も名前も知っているメンバーばかり。でもそういうメンバーの中でプレーをしても、予想以上にやれた。「オレ、良くなっているんだ」と自信を深めることができました。

吉永監督の第一印象は「怖そうだな…」でした。でも見た目は強面なのに、実際に話してみると丁寧にコミュニケーションを取ってくれる。上から頭ごなしに話すのではなく、いつも同じ目線で語り掛けてくれて人間味があるんだな、と印象が一変しました。

鮮明に覚えているのは、入学して間もない頃に温泉に出かけた時のことです。僕は同学年の萱沼優聖（関東学院大学→カターレ富山→鹿児島ユナイテッドFC）と一緒に、だいぶ長く風呂に浸かっていました。ところがそろそろ上がろうと思っていたところに、吉永監督が入って来て話が始まりました。まだ監督と話す機会など、ほとんど持てていない時期でした。だからこそ吉永監督は、いろいろとコミュニケーションを取ってくれたのだと思いますが、僕はのぼせてもはや貧血寸前です。1〜2年後なら「監督、のぼせそうなんで、上がっていいですか」と言っていたと思いますが、まだ当時は優聖も僕もそんなことを口にする勇気がありませんでした。結局堪えるのに必死で、とても話の内容は頭に入って来ませんでした（笑）。

©SAGAN DREAMS CO.,LTD.

1年生の頃は、まだ自分のやりたいことを、思うがままにやっていただけでした。逆に監督が特徴を消さないように、やらせてくれていたのだと思います。結局この年度の山梨学院は全国高校選手権で優勝したのですが、僕も直前合宿には呼ばれて、まだ思い切りスタメンは厳しいけれど、まったくやれないこともないな、という感触はありました。2年生になったら絶対に試合に出なければいけないな、と思いました。

この頃から吉永監督の期待も信頼も感じていたし、僕も監督を凄く信頼できるようになっていました。中学の頃と高校では、間違いなくサッカーへの向き合い方が変わりましたが、それは吉永監督との出会いが大きな要因になっていると思います。常に「おまえには、上に行く力があるんだから」

と言い続けてくれて、プロを意識して日々のトレーニングに取り組むように促されて来ました。

2年生になると「10番」を渡してくれて、言葉にはしなくても「判っているよな」という圧は感じていました。自然とチームを勝たせるためのプレーを意識するようになり、プレーに対して責任を持つようになったと思います。また2年時には、自分が思ったより走れることが判りました。3年生も含めてもトップを争えるほど走れて、意外に心肺機能が強いんだということを自覚しました。

高校2年生の時は、本当に心身ともに充実していて楽しかった。前には（加部）未蘭くん（ヴァンフォーレ甲府他）、サイドにもドリブルが得意な堤健太くん（京都産業大学）など個性派がいて、僕はトップ下でやり甲斐を感じながらプレーできていました。結局全国高校選手権では準々決勝で流通経済大柏（千葉）に敗れた（1－2）のですが、練習試合では前橋育英や西武台（埼玉）などの強豪にも圧勝していて、全国制覇も狙える手応えがありました。

3年生の時は、故障（グローインペイン症候群）で苦しむことになったのが心残りでしたが、改めて山梨学院を選択したのは正解だったと思います。吉永監督が黙って期待して使い続けてくれたことで、僕自身も監督のためにしっかりと結果を出そうと思うようになりました。監督は人を良く見極めて、対処法を分けていたと思います。高校時代の僕は、頭ごなしに何かを言われたら「うるさいな」という感じになっていたと思います。吉永監督は、それを見越した上でアプローチの仕方を考えていたのではないでしょうか。逆に言われることで火がつくタイプには、どんどん言っていたと思います。

そんな監督の立ち居振る舞いを見て、後年僕も若い選手たちとの接し方を考えるようになりました。昔は一方的に言っていたけれど、こういう話し方の方が入りやすいかな、などと工夫するように変わって来たと思います。

高校時代は、きつく言い過ぎたこともあったと思います。でも監督の選手たちへの伝え方、距離の取り方や詰め方などを見て来たことは、卒業してから生きています。例えば、新しく移籍してきたチームでは、まず自分がやって見せてから要求が始まっていく。高校時代には気づけなかったコミュニケーション方法ですが、振り返れば監督は率先してやって見せて、後から自分でも気づけるように促してくれていたのだと思います。

吉永監督は、ガンガン言って圧迫して抑えつけるタイプではなく、自主性を求める人です。だから試合の後では、選手たちだけでミーティングもしていたし、またそういうことを促してくれていました。僕が山梨学院を卒業してからも言われたことしかできないタイプにならなかったのは、そういう環境下で過ごしたからだと思います。プロになって、今までいろんな監督の下でプレーしてきましたが、「オレは、これしかできません」という選手にならず、自然と対応力が身についていたのは、吉永監督に選手としての幅を広げてもらっていたからだと思います。

山梨学院には適度な厳しさもあり、スタッフや先輩たちにも恵まれました。2年生の時に、あれだけ伸び伸びとやらせてもらったのはありがたかったし、横森巧総監督も面白い人で全体のバランスも良かったと思います。もし上から押しつけられるばかりの部活だったら、途中で腐っていたかもしれません。

選手として、監督がどう考えているのかを知るのは凄く重要です。普段は全く話さないのに、トレーニングの時だけ言われるのは、やはりしっくり来ません。だからしっかりとコミュニケーションを取ってくれる監督の方が好きですし、特に適度な威厳を保ちながら人間味も感じさせてくれる吉永監督は凄く信頼することができました。今までのサッカー人生の中で最も影響を受けた人だと思います。

あまり高校時代は考えたことがなかったけれど、一人で何役もこなしながら、その上で結果も残していかなければならないプレッシャーもかかってくる監督の仕事は、相当にしんどかったと思います。

ずっと「監督」と呼んでいるのは、そういうイメージが染みついて習慣化しているでしょうね。

さすがに距離も取らずに、何でも気軽に話せるようになったのは、山梨学院を卒業してからです。あと何年現役でプレーできるか判りませんが、自分自身がいろいろ揉まれてきた状態で、もう1度吉永監督の指導を受けてみたい。今の自分が監督にどう映り、また監督の指導がどんな見え方になるのか。それは自分でも凄く興味深いことです。

また一緒にやれる日が来れば最高だな、と思っています。

あとがき

本書を記すためにこれまでの人生を振り返ると、改めて人との出会いに支えられた人生だったことを実感しました。

多感な中学時代に私をサッカー部へ導いてくださった平林末一先生、生意気盛りの高校時代に厳しく接してくれた時枝龍郎先生、大学で初めてサッカーの指導者というものを感じさせてくれた田村脩先生、乾真寛先生、またどちらかと言えば我が強い選手だった私を受け入れ、ともにプレーをしてくれた多くのサッカー仲間たちの存在がなければ今の自分はいません。現役時代だけでも、これほどまでに多くの人たちに支えられ、たくさんのことを学ばせてもらい、私は指導者への道を進むきっかけを与えて頂きました。

さらに指導者になってからも出会ったすべての方々にも多くを学ばせて頂きました。いろんな場所で試合を通じて交流をさせて頂いた方々、指導者講習会で同じ時間を共有したことで学ばせて頂いた方々、あまりに多くの出会いであるためにみなさんの名前をひとりひとり挙げられないことをご容赦頂ければと思います。

その上で私を三菱養和へと導いて下さった横山謙三さん、サガン鳥栖でお世話になった松本育夫さん、メキシコ五輪銅メダリストのご両人には「指導者とはなんぞや?」ということを、時には厳しい目線で、また温かく見守って頂きながら教えてもらったような気がします。

　２００３年Ｓ級ライセンス講習会では、スクールマスターが現ＪＦＡ会長の田嶋幸三さん、受講生にはラモス瑠偉さん、風間八宏さん、都並敏史さん、長谷川健太さんという元日本代表選手の方々を初めとする高い競技レベルと指導者としての素晴らしいキャリアを持った諸先輩方と時間を共有させて頂きました。ピッチ上での本番さながらの白熱した受講生同士のプレーに対しての指導実践、講義での激しい議論の中に身を置いたことで、より深くフットボールというものを追求しなければならないという想いと、より自分自身の考え、哲学を明確に言語化し、自分の指導に説得力を持たせる必要性を強く感じることができました。この場をお借りして改めて皆さんに心より感謝申し上げます。

　そして今まで出会ったすべての選手のみなさんにも、日々気付きと学びを与えてもらいました。

　特に清水エスパルス時代に出会った岡崎慎司選手が見違えるような成長を遂げたことは大きなお驚きで、人はどこで飛躍するのかわからないということを教えらえました。岡崎選手の出発点と、その後の著しい成長曲線を見られたことで、それ以降に出会った選手たちにはその教訓が活かされたのではないかと思っています。今回インタビューを快く引き受けてくれた白崎凌兵選手はもとより、日本代表選手に選出された前田大然選手、渡辺剛選手などは決してエリートではありませんでした。また現在Ｊリーグ、海外リーグなどでチャレンジするそれ以外の選手たちも同様です。もし私が岡崎選手と出会ってなければ彼らを違った形で接し、現在の活躍は見られなかったかもしれません。さらに選手としてだけでなく社会に出て指導者になって活躍している人、企業の一員として、あるいは起業家としてチャレンジする人など、それぞれの道、それぞれの場所でみんなの頑張る姿が、今の私の大きな活力になっています。

２０１７年に海外へ出て、アルビレックス新潟シンガポールのトップチームで監督を務められたのも大きな出来事でした。これは同クラブ現会長の是永大輔さんとの出会いがなければ実現しないことでした。それに私を快く受け入れてくれたシンガポールのフットボールの仲間たちにも感謝したいと思います。

Thank you to everyone in the Singapore football family!

忘れられない光景として、２０１９年シーズンのビッグスワンでの最終戦が脳裏に浮かびます。シーズン途中から指揮を執り、不甲斐ない成績で終えてしまったにもかかわらず、多くのサポーターの方々から温かい拍手と声援を送って頂き、マフラーまで頂いたシーンは今でも心に刻まれています。本当にありがとうございました。

また新潟で出会った早川史哉選手には、不可能なことなどないと教えてもらい、勇気と生きる力をもらうことができました。

本当に皆さんのおかげで私も現状に満足することなく、学び続けることと成長し続ける姿勢を保ち続けられたと思っています。

これから先もみなさんを応援するとともに、お互いが成長し続けることで刺激をし合える良い関係でいれるように努力していきます。

最後になりますが、出版の話を持ちかけてくださった竹書房の柴田洋史さん、長時間のインタビューから構成まですべてをやって頂いたスポーツライターの加部究さんにも改めて感謝申し上げます。

このように少し変わった指導者としての生き方が、これから同じ道を志すみなさんや若い指導者の方々にとって少しでも参考になれば幸いです。そして様々なカテゴリーや環境での指導を経験させて頂いた道のりで感じ取って来たことが、少しでもこれからの日本サッカーの発展に繋がることを期待しています。

これからも学び続けること、チャレンジすることを止めずに、自分らしく日々の積み重ねを大切にして、サッカーを通して社会に恩返しをしながら生きていきたいと思います。

最後までお読み頂き、ありがとうございました。

シンガポールにて〜　　　　　吉永一明

構成者あとがき

長いインタビューは、何度か思い出話へと脱線した。

吉永一明氏は、２０１０年初頭に山梨学院大学付属高校サッカー部へやって来た。当時長男の未蘭が1年生で同校に在学中だったので、時々話題が当時の同級生たちのことへと逸れていった。

「Aは本当に私が大好きなタイプのFWで、３年次の新潟遠征では集中して素晴らしいプレーを見せたんです。でもその後が続かなかったんですよね」

「Bはサッカー部を辞めてから、切り替えて本当に受験勉強を頑張り慶応大学に合格したんですよ」

彼らが卒業してから10年以上が経過している。しかも吉永氏は山梨学院で長く指導をした後は、シンガポールリーグやJクラブで激動の日々を送って来た。ところが当時高校で指導をした生徒たち…、しかもあまり公式戦のメンバーには絡んでいない選手たちの個性や活動ぶりなどが、フルネームとともにすらすらと出て来る。改めてこれは普通のことではない。

２０１３年に『それでも美談になる高校サッカーの非常識』（カンゼン）と

いう書籍を出した。強豪校のサッカー部に在籍した経験を持つ選手たちに話を聞いていくと、昭和の名将たちの実像が浮き彫りになった。3ケタを超える部員を抱え全国大会の常連となり見事な戦績を誇る監督の多くは、無茶な長時間練習を乗り越え生き残って来た主力のことしか頭に残っていなかった。

卒業式で監督が順番に名前を呼んでいくシーンでの話だ。3年間サッカー部に在籍しメンバー外だった選手の番が巡って来ると、監督が平然と尋ねて来た。

「ところでおまえ、名前なんだっけ?」

サッカー部の監督が受け持つ体育の授業で初めて声をかけられる。

「おまえ、サッカー上手いな」

「監督、僕サッカー部です」

高体連には、そんなコントの古典のような話が溢れている。

九州の名門校へ進み入学直前の試合で故障をしたことが原因で、その後日常生活もままならない苦悩の日々を送った選手がいる。彼の父親は練習を見学し「明らかに走るフォームがおかしい」と感じていた。だが監督にそれを問うと「私は百人を超える部員を見ている。お父さんにはわかっても、私に個別の選手の変化など判るはずがない」と返って来た。

全国高校選手権は1976年度から開催地を大阪から首都圏に移転し、爆発的な人気を博していった。プロのない時代で、日本サッカーはワールドカップどころかオリンピック予選でも負け続けていた。希望の見えない時代に、聖地国立競技場を大観衆が埋め全国放送される高校日本一を決める大会は、サッカー少年たちの憧憬の的となった。だがサッカー漬けの高校生活を終えた選手たちは、そこであまりに大きな達成感と解放感に包まれ「燃え尽き症候群」に陥る。高校生のレベルアップが見えても、日本サッカーの頂点が高まっていく感触は得られなかった。

結局高校選手権は。育成のリテラシーが認識されない時代に産み落としてしまった禁断の果実だったのかもしれない。高校生たちの憧憬は、強豪校への入学希望を加速させ、売り手市場が膨れ上がった。その頂点に君臨するのは、もともと権威的だった昭和の先生たちで、彼らは結果を出すほど周囲から崇められ絶対君主として暴走するようになった。本来主役だったはずのプレイヤーは、部活の世界では名前や人格さえも失くしていった。

こうした風潮が色濃く残る高体連の世界で、100人を超える部員一人一人と真摯に向き合い、お互いがチームを離れてからも連絡を取り合う吉永氏が、いかに稀有な存在なのかが良く判る。山梨学院の指導者として着任した吉永氏は、次期主将に決まっていた碓井鉄平らの「殴りますか?走らせますか?」という率直な問いに、静かに答えていく。

「オレは殴ったことも蹴ったこともないし、走らせる時は、その理由を伝えるよ」

おそらく碓井以下選手たちの心中には、監督(当時はヘッドコーチ)が代わったけれど本当に中味も変わるのだろうか、という不安と期待が渦巻いていたのだと思う。

部活が育成年代の活動の軸を成し、概ね教員が上意下達で牽引してきた日本の団体競技の現場だと忘れられてしまいがちだが、本来コーチというのはサービス業である。プロの監督は、オーナーやファンが望む結果をサービスするのが仕事になる。スクールのコーチは、子供たちを上達させるという謳い文句で生徒を募る。もっと判りやすいのがテニスの世界で、大坂なおみを筆頭に優れた選手たちは、自分の意思でコーチを選択し代えていく。

こうした指導者の本質を理解するからこそ吉永氏は言う。

「選手たちが自ら求めてくるものを提供(サポート)していきたい」

吉永氏は、何より選手を輝かせることに主眼を置く。だからこそ継続的な作業に終わりはなく、次に向き合う選手たちをより輝かせるために、過去に接した選手たちのその後も追跡する。過去に指導した選手が窮地に立てば、もともと不足気味の睡眠時間をさらに削ってでも手を差し伸べる。

一方で吉永氏の指導方法には、押しつけが一切ない。例えばアルビレックス新潟でも、最年長のスタッフながら早くからクラブハウスに到着すると、黙々と掃除を始めたという。大半の人たちが目に留めることもない行為だったはずだ。だが「気づいてくれる選手が何かを感じ取ってくれれば」とさり気なく背中を見せる。

本書の構成を担当することになり長男に聞くと「今まで指導を受けた監督の中でも、別格に感情の起伏が少なくて理不尽な怒りもなかった」という吉永氏が、1度だけ練習中に声を荒げたことがあったそうだ。誰かがチームメイトを差別的な言葉で揶揄し、それが全体に伝染して途切れなくなった時のことだった。

サッカーについては高圧的になることなく淡々と伝えていく。だが人として許してはいけないことには決然と怒りを示す。ただしそんな吉永氏が指導をしていても苛め問題は起こったわけで、それだけでも世界に例を見ない大所帯体制には限界があり、個々の権利や可能性を阻害していることは明らかだ。

1993年にJリーグがスタートし、1998年以降は日本代表もワールドカップに皆勤を続けている。しかし日本でサッカーを続けている選手たちの何%が充実感を覚えているのだろうか。逆に何割の選手たちが、今の環境を変えたいと考えているだろうか。

山梨学院にとって吉永氏は旧弊を打破する救世主だった。だがまだまだ日本では、特に育成年代で吉永氏のような指導者に遭遇する確率があまりに乏しい。

JFAは日本代表の成績向上や競技人口の拡大を目標に掲げている。だがその前に整備しなければならないのは、サッカー少年たちの幸福度や充実度を高めていく環境である。

吉永氏のような指導者が日本のスタンダードになれば、自ずと競技力は高まっていくはずなのだ。

加部究

指導歴年表

1990年（平成2年）	三菱養和サッカースクールコーチ（巣鴨SS・清瀬SS）
1995年（平成7年）	福岡ブルックス（現アビスパ福岡）U12・U15担当コーチ
1996年（平成8年）	アビスパ福岡U-15監督
2000年（平成12年）	アビスパ福岡U-18監督　兼　サテライトコーチ（02年8月〜）
2003年（平成15年）	アビスパ福岡普及担当コーチ　兼　日本サッカー協会ナショナルトレセンコーチ九州担当
2004年（平成16年）	アビスパ福岡管理強化部育成統括　兼　日本サッカー協会ナショナルトレセンコーチ九州担当
2005年（平成17年）	清水エスパルスコーチ・サテライト監督 （J1リーグ15位／天皇杯準優勝／サテライトリーグCグループ1位） 新入団：岡崎慎司・岩下敬輔・枝村匠馬・兵働昭弘・青山直晃・平岡康裕など
2006年（平成18年）	清水エスパルスヘッドコーチ（J1リーグ4位／天皇杯ベスト8）
2007年（平成19年）	サガン鳥栖コーチ　兼　育成統括（J2リーグ8位／天皇杯ベスト16）
2008年（平成20年）	サガン鳥栖育成統括　兼　U-18監督
2009年（平成21年）	山梨学院大学附属高校サッカー部ヘッドコーチ（保健体育教諭） 第52回関東高校サッカー大会優勝 第88回全国高校サッカー選手権初出場初優勝 碓井鉄平（駒澤大学→Vファーレン長崎など、現・カターレ富山）・中田寛人（桃山学院大学）・伊東拓弥
2010年（平成22年）	山梨学院大学附属高校サッカー部監督（保健体育教諭） 2010年全国高校総体ベスト16 第89回全国高校サッカー選手権大会ベスト8 山梨県ユースリーグAリーグ優勝（プリンスリーグ関東2部昇格） 加部未蘭（ヴァンフォーレ甲府→福岡大学） 宮本龍（同志社大学→ガイナーレ鳥取他）・長谷川紫貴（関東学院大学）

２０１１年（平成23年）

第54回関東高校サッカー大会出場
２０１１年全国高校総体ベスト16
第90回全国高校サッカー選手権出場
第91回天皇杯全日本サッカー選手権出場
２０１１年プリンスリーグ関東２部優勝（１部昇格）
白崎凌兵（清水エスパルス→鹿島アントラーズ他）
萱沼優聖（関東学院大学→カターレ富山→鹿児島ユナイテッド）
山田修平（青山学院大学→藤枝ＭＹＦＣ他）
山口聖矢（関東学院大学→ＳＣ相模原他）
木下 怜耶（帝京大学→沖縄ＳＶ→カンボジアリーグ）

２０１２年（平成24年）

２０１２年プリンスリーグ関東１部７位

２０１３年（平成25年）

第56回関東高校サッカー大会出場
２０１３年プリンスリーグ関東７位
毛利駿也（順天堂大→ツェーゲン金沢→湘南ベルマーレ）
山口一真（阪南大→鹿島アントラーズ→松本山雅他）

２０１４年（平成26年）

２０１４年全国高校総体ベスト16
第93回全国高校サッカー選手権ベスト16
第94回天皇杯全日本サッカー選手権出場
２０１４年プリンスリーグ関東７位
渡辺剛（中央大→ＦＣ東京）
大野佑哉（阪南大→松本山雅）
小川雄大（ＦＣ岐阜→カンボジアリーグ）

２０１５年（平成27年）

第58回関東高校サッカー大会出場
２０１５年プリンスリーグ関東６位
前田大然（松本山雅→ＣＳマリティモ〈ポルトガル〉→横浜Ｆ・マリノス）

2016年（平成28年）
ヴァンフォーレ甲府トップチームコーチ
J1リーグ14位

2017年（平成29年）
アルビレックス新潟シンガポール監督
2017シンガポール・チャリティーシールド獲得
TNPリーグカップ2017優勝
2017シンガポールリーグ優勝
（24試合／20勝2分2敗／勝ち点62／得点70／失点16）
2017シンガポールカップ優勝
2017コーチ・オブ・ザ・イヤー受賞

2018年（平成30年）
2018シンガポール・チャリティーシールド獲得
2018シンガポールプレミアリーグ優勝
（24試合／22勝2分／勝点68／得点70／失点13）
2018シンガポールカップ優勝
2018コーチ・オブ・ザ・イヤー受賞

2019年（平成31年）
アルビレックス新潟アカデミーダイレクター

4月
アルビレックス新潟トップチーム監督（10節より）
（33試合／10位／14勝8分12敗／勝点50／得点59／失点43）

2020年（令和2年）
アルビレックス新潟U-18監督
アルビレックス新潟アカデミーダイレクター　兼　U-18　監督

2021年（令和3年）
アルビレックス新潟シンガポール　テクニカル・ダイレクター

KAZUAKI YOSHINAGA

吉永一明

（よしなが・かずあき）

PROFILE

1968年生まれ。福岡県北九州市出身。中学生からサッカーを始め、福岡県立八幡中央高校から福岡大学へ進学。大学卒業後、三菱養和サッカークラブのコーチに就任。アビスパ福岡·清水エスパルスでの指導を経て、2007年からサガン鳥栖のコーチ兼育成部統括、08年は育成部統括兼 U-18監督。2009年より山梨学院大学附属高校（現・山梨学院高校）サッカー部ヘッドコーチに就任。 同校の第88回全国高校サッカー選手権初出場初優勝に実質監督として貢献し、2010年度より監督に就任。また、2004年にJFA公認S級コーチのライセンスを取得した。2016年はヴァンフォーレ甲府のコーチ、2017年からアルビレックス新潟シンガポールの監督に就任した。2018年シーズン終了後、アルビレックス新潟アカデミーダイレクターに就任。2019年4月よりトップチームの監督に就任。2019年を持って契約満了により新潟の監督を退任、2020年から新潟U-18の監督を務めた。2020年4月からはアカデミーダイレクターも兼任する。2021年シーズンはアルビレックス新潟シンガポールのテクニカルダイレクターを務め、2022年シーズンはアルビレックス新潟シンガポールの監督就任決定。

異色の指導者
ユース、高校、Jを率いて極めた育成メソッド

2021年11月25日初版第一刷発行

著　者：吉永 一明
発行人：後藤明信
発行所：株式会社 竹書房
〒102-0075
東京都千代田区三番町八番地一
三番町東急ビル六階
E-mail　info@takeshobo.co.jp
URL　http://www.takeshobo.co.jp

印刷所：共同印刷株式会社